U0693257

冯世斌　著

兰台耕言录

触痕河北

LANTAI GENGYAN LU

中国文史出版社
CHINA CULTURAL AND HISTORICAL PRESS

图书在版编目（CIP）数据

兰台耕言录 / 冯世斌著 . —北京：中国文史出版
社，2019.12
ISBN 978-7-5205-1687-7

Ⅰ . ①兰… Ⅱ . ①冯… Ⅲ . ①档案工作—中国—文集
Ⅳ . ① G279.2-53

中国版本图书馆 CIP 数据核字（2019）第 267344 号

责任编辑：赵姣娇

出版发行：中国文史出版社
社 址：北京市海淀区西八里庄 69 号院 邮编：100142
电 话：010-81136606 81136602 81136603（发行部）
传 真：010-81136655
印 装：廊坊市海涛印刷有限公司
经 销：全国新华书店
开 本：787×1092 1/16
印 张：24.5
字 数：210 千字
版 次：2020 年 1 月北京第 1 版
印 次：2020 年 1 月第 1 次印刷
定 价：90.00 元（全二册）

文史版图书，版权所有，侵权必究。
文史版图书，印装错误可与发行部联系退换。

序

魏四海 [*]

与冯世斌兄共事多年，称得上是相知和老友了。他将在省档案局（馆）长岗位上形成的部分带有研究性的文稿集结出版，一本定名为《触痕河北》，一本叫作《长芦韦编》。临付梓，嘱我写几句话，这真用得上一句古语，"恭敬不如从命"。

"一样的燕赵，不一样的河北。"触摸河北省至今不满90岁的身痕，作者以档案为凭，辅以其他史料，借《1928—1949河北省大事记》和《1952—1968河北省会变迁始末》两书的序言为平台等，从河北脱胎直隶切入，对河北建省以来发生的具有重大影响的事件，分新中国成立前后两个时期，用时代的笔触，分别做了独到的思

---

[*] 魏四海，时任河北省档案局（馆）长，现任中共河北省委党校（河北行政学院）常务副校（院）长。

1

辨与剖析，其文端透出的借鉴意义，恐是超出了"档案与史"的范畴。作为同是河北土生土长的干部，我为老兄的探索精神感到高兴。当然，触摸这样的题材，见仁见智在所难免。相信他的学研成果，为人们了解河北提供了一把不仅称"冀"，而且更要附称"京畿大省"之省情特征的光束。

我知老兄并非"科班出身"，做档案工作也是"半路出家"。但他在长达8年的任上，干一行，钻一行，尤对堪称"镇馆之宝"的长芦盐务档案，更情有独钟，并提出过许多关于整理与开发的意见。《长芦韦编》收录了他在这一方面的一些文字，作为同行"看门道"，我觉得这也是一件很有意义的事情。听一些同志们讲，老兄任上，常说"客观世界永远走着自己的路，翻档案无非是找准几个路标"，为了与河北师大历史文化学院合作好那套《中国长芦盐务档案精选》，与张继卫等同志，仅对那篇《中国长芦盐务档案研究与利用价值举要》的序言，就反复推敲，字斟句酌达经年。档案的价值在利用。相信作者从政治、经济、军事、文化、外交、法制诸方面列举的种种大用之价值，为社会了解这批档案，利用这批档案，开发这一宝藏，又打开了一个窗口。

两本书的文字都不长，集结起来，也显得粗疏与单薄。但世斌兄说，能保持原汁原味，这些就够了，一可做个纪念，二可与档案同行做个交流。是为序，打住。再祝世斌兄身体健康，笔耕不辍，贡献更多的档文精品，大家一同品鉴。

2016 年 7 月 4 日

前　言

一样的燕赵，不一样的河北

冯世斌

书名有什么讲的？痕者，疤也，创伤的印记。不管这创伤是怎么落的。有的创浅、轻，不久即会痊愈；有的创深，而且格外重，恐要伴人一生。一省一地也是这样，在历史长河的冲刷里，总要留下深浅不等的各种各类的疤痕。如同查病历，翻用档案的记录，到时会会诊，对人，有利于健康和治疗，对事，有利于明白道理，举一反三，少走弯路。此所谓"以史为鉴"，也所谓"前事不忘，后事之师"。河北，前称"直隶"，到构思书的这些文字时，它刚好78岁（2006年）。河北由直隶裂变而来，这名字本身就如同身上的胎记。也即只要河北存在一天，它的这个痕就不会抹去。直隶改称河北是何年？为什么？过程是怎样的？河北的民众，应当了解这一段历史。七七事变，全面抗战，从国史看，为八年历程，从河北讲，反抗日本帝国主义的侵略，当往前推两年，即签订《塘沽协定》的那一年。长达十年的这一民族解放斗争，使河北蒙受了太多太多的苦难，也做出了太多太多的贡献。触摸这个印记，至少有利于增强人们的爱国主义观念。"冀中"一词的出现，便是河北奋勇抗敌的显著标志之一。1949年，中华人民共和国成立，北平改名北京，定为首都，天津改为国务院直辖，共和国新生，河北新生，然河北的名称还是河北。天亮了，人也有辨不好方向，甚至走迷了路的时候。叫探索也罢，折腾也罢，经验也罢，教训也罢。反正从1952年起到1968年止，河北背着"省会"的包袱跑来跑去；从1958年起到1961年止，河北将142个县合并为58个，旋即又恢复为141个；从1959年起到1962年止，河北遭遇了三年特大自然灾害，日子太难过了。诸如此类的印记，都可说是创伤的结果。触摸一下，是痛的。然痛定思痛，笔者认为是有益的。书中的大多文字，形成于日常工作的手记，来自于诸多同志的辛勤整理和精心保管，有的已发表过。客观世界永远走着自己的路。一样的燕赵，不一样的河北。挂一漏万，见仁见智。深望各界教正，甚至批判。

2012年6月13日

写于平山县战备后库办

目　录

附录：

民国 17 年，公元 1928 年 7 月 4 日，一个新的省名："河北"，挂牌成立于天津，它的前称——直隶，被一刀砍去。砍去的理由及过程和意义，当有专文叙之。家有家谱，省有省志。无论再过去多少年，讲河北的历史，由"直隶"脱胎，是它身上永远不能抹去的印记。因此，本书的首篇文字，就从 1928 年说起。

为人们了解那 21 年的河北尽绵薄之力

——写在《1928—1949 河北省大事记》付梓之际

河北历史悠久，前称"直隶"。然，冠"河北"称省的河北，其"资历"到今年却不过 81 岁。由"直隶"改称河北，始于 1928 年 6 月 20 日的国民党中央政治会议第 145 次会议；将河北省政府的成立之日作为河北称省的标志，是 1928 年 7 月 4 日。家有"家谱"，省有"省志"。在河北前称直隶的几百年间，反映其历史沿革的"志"有多种，其中最负盛名的是《畿辅通志》《大中华直隶省地理志》等。从 1911 年中华民国成立到 1949 年中华人民共和国成立的这 38 年，前 17 年，"直隶"没编过志，后 21 年，"河北"这段历史虽被编入于 2000 年出版的《河北省志·政府志》里，但由于资料奇缺等原因，显得过于疏略而难为借之。改革开放以来，在河北省人民政府两度组织下，省、市、县均编写了自己的新志，但这些志基本上从新中国成立写起，对1949年前的河北鲜少提及。1928—1949年的河北是怎样的？正是出于补上这块"空白"，让河北人民了解过去的省情，以对当今经济社会建设有所裨益之目的，我局在省委常委、省人民政府常务副省长付志方同志的支持下，对散存于全国各地的河北档案进行了大量征集，结合已有馆藏档案，历时三载，编写了这本大事记。回望直隶改河北的烟云，感慨多多，借付梓之际，对这21年的有关背景及事件做一说明、补充与梳理，并顺便谈谈对那段历史的认识，也许是应该的。

一、关于由直隶改河北

自永乐十九年（1421年）明朝迁都北京，改北京为京师算起，"直隶"之称在明清两代没有变过，中华民国成立也没有变，为什么到1928年改称了河北？按说这不是编大事记回答的问题，但溯"河北"二字源头，又不能不认真说起。本大事记本着尊重历史，以档为据，突出主线，兼顾全面的原则，辅以馆藏资料为参，以时间先后为序，选编了时民国河北省政府的重要施政行为、中共政权及武装力量在河北的重要活动、日伪政权在河北的重大罪证、河北民间的重大社会事件等，共计2039件。难说所写之事均"大"，但对河北来讲，由"直隶"改为"河北"，当是第一件大事。

按明、清制，直隶的最高行政长官即总督，正式官衔为总督直隶等处地方提督军务、粮饷、管理河道兼巡抚事。"等处"指哪里？系指河北、河南和山东等地。即是说，总督直隶的长官，权可及周边省份。清末曾国藩、李鸿章、荣禄、袁世凯等朝廷重臣，都曾任总督于直隶；晚清，设北洋通商大臣一职，也由直隶总督兼任。这样，省以督重，督以省重，直隶的行政机构和职能，明显有别于其他省份。清时，一般省的机构设省、府（州、厅）、县三级，而直隶省则是省、道、府（州、厅）、县四级制。其中"道"，大体与其他的"省"同级，即使直隶省的"顺天府"，其行政长官通常也由中央六部尚书等职兼任。1911年清朝政府被推翻后，中华民国成立后，袁世凯及随后的"北洋政府"，仍将直隶作为控制全国的"大本营"，坐直隶而争全国，自然不会改直隶。"北伐革命"的胜利，绝非国民党一党之力，更非蒋中正先生一人之功，在此大背景下，国民政府改直隶省为河北省，对于割掉"封建帝制"这一尾巴，打破旧的分裂势力盘踞于直隶的局面，具有历史的进步意义。1928年7月4日，河北省政府成立于天津，不日张学良悬挂"青天白日旗"于沈阳，这不应是巧合之事。因此，在"直隶"改"河北"这个问题上，笔者的观点是：直隶改称河北，绝非将直隶简单地进行"翻版"，变了一下省的称谓，而是折射了"河北"在中华民国成立前后的复杂定位，从而也统一了整个国家在行省设置上的格局。至此，直隶"一分为三"（河北、热河、察哈尔），相继京、津也与冀脱离（又可称"一分为五"），河北的版图比直隶缩小了2/3多，也再无高居于其他行省之上的特别权力。但河北在中华版图上重要的战略地位和它600多年来形成的全国政治、军事中心腹地地位，却是不能因省名的变更而不再延续的。1937年7月7日，日军攻占河北省宛平县卢沟桥，如同捅了中华民族的心窝子，被国人不分党派视定为"抗战日"。七七事变是中华民族进行全面抗战的起点，这颇值得回味。如今称河北时，仍有人叫它"京畿大省"，这该不完全是对河北的讽刺。

二、关于中共政权及武装力量与河北

编梳1928—1949年河北大事，强烈感觉到：最大的看点，莫过于抗战时期中国国民党政权、中国共产党政权、日伪政权这三种力量在河北的"角力"。翻天覆地，尘烟滚滚。其中，最抢眼的当数中国共产党及在河北的政权组织和武装力量。称其抢眼，绝非世俗的观点，它"笑到了最后"，而是，它始终与河北人民在一起。

（一）说中共始终与河北人民在一起这是不争的事实。中国共产党从成立起，就极为看重时称直隶的河北。1922年，它在唐山建立了第一个组织，名叫中共唐山地方委员会；1927年，在天津建立了中共顺直省委；直隶改河北后，中共中央于1930年遂将中共顺直省委改建为中共河北省委。七七事变爆发，抗战成为衡量一个政权、一个政党、一支军队乃至每一团体是否爱国爱民的分水岭、试金石。在1937年8月，执政的河北省政府丢下河北、望风而逃的同时，是中国共产党领导的武装力量迅即挺进敌后，与河北人民同甘苦，共患难，同日军展开了长达八年之久的殊死搏斗，直至它在全国执政，这些都是不争的事实。1937年9月，中共领导人周恩来和刚刚就任八路军副总指挥的彭德怀到保定，与国民党将领程潜，商洽八路军进河北布防作战问题；几日后，即1937年9月23日，中共领导人、八路军总指挥朱德，在五台县八路军总部，部署了以河北为前线的华北抗战大格局。档案和史料均显示，八路军一一五师挺进河北的时间是1937年11月初；聂荣臻司令员将晋察冀军区机关迁至阜平是1937年11月18日；刘伯承率八路军一二九师挺进涉县为1937年11月中旬；贺龙率八路军一二〇师深入至河北中部为 1938 年 12 月 22 日,并于 1939 年 4 月 23 日歼日军一部于河间齐会。在抗战最为艰难的 1942 年 7 月,彭德怀写了《关于平原抗日游击战争的几个具体问题》,他根据毛泽东的军事判断,对如何保存自己、消灭敌人做了针对性部署,极大地坚定了抗日军民的信心。所以,本大事记记中共政权及武装力量在河北活动的大事最多,共有 995 件,是顺理成章的事。

（二）"冀中"的出现,是中共与河北人民一道抗日而形成的显著历史性象征之一。"确保占领华北",进而加快灭亡整个中国,是日军未曾动摇过的侵华方针。河北作为华北的胸膛,首当其冲,历经十载（从 1935 年日军进驻河北算起）,抗战不屈,终使日军不能达到"确保"目的,这在世界战争史上不能不说是个奇迹。说中共始终与河北人民在一起,"冀中"是一个最为明显的历史标志之一。在河北前称直隶时,不可能有"冀中"这一称谓。"冀中",产生于抗战,闻名于世界,流传至今天,一是因为"冀中"作为敌后抗战的腹中之腹,战争极为悲壮与惨烈;二是中共干脆于 1938 年 1 月建立了冀中省委,并于同年 5 月,根据抗战形势的瞬息万变,以"冀中"冠名,成立了从一到四,四个特委、专署与军分区;到 1940 年 7 月,中共统一序号,又以"冀中"冠名,成立了从一到十一,十一个地委与专署。从保存于河北省国家档案馆的大量档案来看，"冀中"这一称谓，与中共的"放手发动群众，壮大人民力量""向敌后之敌后挺进"等语，几乎是同时流传开来的。从这里，最容易看出中共政权与武装力量，和河北人民相依相存、互为命运，筑起了一道日军打不烂、摧不垮的铜墙铁壁。这些当年属于中共秘密，如今已成为它爱国爱民的铁据。《"五一"变质前后的冀中是怎样坚持下来的》（河北省国家档案馆冀档全宗3-1-42-1号），全文5万多字，没有抬头，也没有上级批转的意思，显然是作者张达（河北定州人，时任中共冀中区第七地委副书记）于日军投降前夕的1945年2月写成在战隙。文中说，"环境是这样残酷，局面是这样危机，依靠什么坚持？首先，基本的问题，是依靠基本群众'翻了身'，如果今天迫其又'翻下身去'是极端困难的，他们只要有一分可能，也要斗争到底，顽强不屈地誓死拥护我党我军。"如果把张达时称的"基本群众"，理解为贫苦农民，那么，当时的地主等与中共政权及武装力量又是什么关系呢？档文写道："二是依靠民族矛盾之不可调解，促使统一战线更加广泛与巩固。封建地主投降派们虽然在开始变质时，曾一度企图依靠敌人，但事与愿违，所得到的是无穷的苛诈勒索，负担极重，穷困破产，远不及在抗日政权统治下为好，加之敌人不分贫富的烧杀抢掠奸淫，更加不能忍受，他们的幻想很快即被事实打破，又重新痛恨敌人怀念我们了。""兵民是胜利之本"，河北抗战的史实，是对毛泽东说于那时的这句名言的最好诠释。

（三）中共政权制定的供养政策凝重地记载下了它是如何艰苦奋斗的。打仗就要有牺牲，无论战争多么残酷，人总要吃饭穿衣。中共政权和它的武装力量，在敌寇的"三光政策"下，是如何生存、生活和战斗的？张达在同卷中曾说："在敌人清剿紧张的时候，夜晚时常在洞内（地道）睡觉，在环境特别残酷的地区，甚至在白天也在洞内办公，洞内空气潮湿，干部、游击队员长疥疮（很多），生虱子（多如邱，聚如蛋）。"这里，需再披露两件真实的档案，以作"冀中"之外的抗战之补，再现当年中共政权及军队的艰苦奋斗。冀档全宗576-1-134-3号卷，是"晋冀鲁豫边区政府对休养员一切供给制度"，制度规定："菜金：轻伤病员每天一角五分，重伤病员每人每天二毛五分，特别重伤病员不能饮食者每人每天五毛至一元；豆子每人每月五斤以改善生活之用，没有豆子（一斤豆子合一斤小米）售卖以便改善生活；负伤费：重伤两元轻伤三元；粮秣制度：轻伤病员每人每月吃小麦十天，重伤病员每人每月吃小麦十五天；烧柴：轻伤病员每天每人三斤烧柴，另外轻重伤病员每人每月二十斤作为烧开水洗□洗衣服之用"。粉碎了日军"五一大扫荡"后，河北抗日军民的生存条件有所改变，冀档全宗576-1-43-21号，完整地保存了由主席杨秀峰、副主席薄一波、戎武胜以命令形式对太行区民政系统人员的供给作的规定，令称："食粮菜金：武委会地雷工厂铁工钳工每人每日三十四两（菜金米在内）；津贴：边府委员每人每月小米五斤；专员级干部，每人每月小米四斤，此须包括高等法院之庭长，边府直属局之政府局长，监委、专员、边府之秘书主任，中学校长；县长级干部，每人每月小米三斤半，此级包括边府科长秘书，直属局秘书主任及科长，专属秘书主任，秘书科长，分局□长，公安交通督察长，分行主任，监委；区长级干部，每人每月三斤小米，此级包括区长县政府秘书及科长，各专管局县局长，分局处之股长及公安交通分局督察员；区助理级干部，每人每月小米二斤，此级包括区干部助理员，县府科员，县局股长，股员，警卫队长；警卫班长级干部，每人每月小米一斤半，此级包括警卫班长，侦察员，电话员，警卫员；交通员一级人员，每人每月小米一斤，此级包括饮食员，饲养员，公安队员，运输员，公费中学生及一切杂务人员；医生每人每月小米六斤至八斤，医助每人每月三斤至五斤，看护每人每月一斤至二斤；各救会干部□□会到区□每人每月均补助小米二斤，各救会之杂务人员每月小米一斤。"

莫嫌这段文字冗长，实不忍删，因在笔者的眼里，如此严苛的"照顾"，实乃历代未在全国执政之政权所能为之事。

（四）1945—1949年，中国国民党和中国共产党进行决定中国前途命运的大决战，河北依然是世界瞩目的焦点。先是，1946年1月，"刘邓大军"跃出河北的涉县，揭开了千里挺进大别山、中共战略大反攻的序幕；继而，1947年7月，刘少奇、朱德等率中央工委在河北的阜平、平山等地，完成了推翻封建基础的《中国土地法大纲》；紧接着，1948年3月，毛泽东亲率中央机关辗转来到西柏坡，指挥了震惊中外的辽沈、平津、淮海三大战役，随"平津战役"在河北境内胜利结束，中共七届二中全会在西柏坡召开，"新中国从这里走来"，毛泽东离开河北到北平，宣告了中华人民共和国的成立。

三、关于民国河北省政府治河北

阶级矛盾和民族矛盾时而凸显时而交织是河北这21年历史的一条主线。那么，对这些年河北省政府的施政行为该做如何评价与梳理？笔者的管见有四，写于下，以引玉。

（一）应肯定河北省政府成立后办了大量的事，但它只能是一个"维持会"。凭档案说话，河北省政府成立初期，其施政行为颇多，囊括了建章立制、整顿秩序、规范规程、任命官员、恢复经济、发展教育、肃治民风等等方面，故此，本大事记对成立的过程作了比较详细的记叙，对其对各机关的组织整顿、权责划分、明确办事条例等，选择了多件，特别是对它颁布的《河北省政府施政大纲》《河北省县长任用条例》《河北省县长推举章程》等一系列带有法律、法规性质的事，拣其要者，一一写进书里。本大事记共选河北省政府的施政行为 690 件，均出自《河北省政府公报》等档案，应说作了比较客观的处理。河北省政府，它虽为治理河北做过种种努力，但其作为政府的性质和面临的两个乱势，决定了它只能是一个"维持"和溃败的结局。第一个乱，是国民党及其所属各军在河北的内乱；再一个乱，是沦陷后河北彻底乱了秩序。1928 年，随直隶改河北，北洋军阀的军队也被国民政府收编，但新老军阀在河北的争斗依然持续。档案和资料均载，为战事，蒋介石在这一阶段来过河北数次；桂系大军阀白崇禧占唐山等地，至中原大战爆发才留下两个军从塘沽仓促离去；北洋政府最后一个大霸主张作霖的军队，前脚离开保定、高碑店等地，晋系大军阀阎锡山的队伍就开进了河北各地，并在蒋介石的支持下，差一点就当上了河北省政府主席。至于孙殿英部以演习为名炸盗清东陵、石友三等大大小小军阀在河北名目繁多的攻伐，更举不胜举，就连"蒋（介石）、冯

（玉祥）、阎（锡山）"的中原大战，主战场虽在河南等地，其实，谋划与发端亦在河北。兵燹连连，内乱不息，时任省政府主席的商震，给南京政府的电报说得淋漓尽致："河北省政府成立以来，军事尚未结束，于是各方军队纷纷而来，境内驻军达100余师，给养即成困难、纪律松懈、骄奢恣肆、欺压民众，以致民怨沸腾……以河北、以党国大局着想，不撤出军队，政治无着手之地，不拯救民生，革命终无贯彻之日。"据冀馆资报1928.9-10《大公报》载，1931年，仅组织"讨伐"石友三部，到河北参战的军队即多达数十万，波及90余县，"大兵所到之村，家家住满，要车，要畜，抓派民夫。正值农忙时节，既无壮丁，又无牲畜，纵有土地，亦不能耕种，残留之老幼妇女除饿死以外，别无出路。"这大体上就是1928—1937年的河北。

（二）全面抗战时期，河北省政府选择了弃掉河北。从1935年日军侵占我省，到抗日战争胜利，河北省政府的角色一直是极为尴尬的。"七七"抗战的枪声，由时任河北省主席兼第二十九军三十七师师长冯治安部打响，立即取得了全国各界支持，但即使这支军队，面对日军的疯狂进攻，选择的也是逃离。至于河北省政府，竟一逃再逃，逃至省外去"施政"河北。看档案，整个抗战期间，只有省政府主席鹿钟麟，为与中共武装争河北这个地盘、搞摩擦，于

1938、1939 年来过两次河北，但很快因失败又溜开。至于日本投降后，河北省政府返回，也是为自己画一个失败的句号而已。记载河北省政府施政行为最全的是《河北政府公报》，1928 年 8 月—1937 年 9 月，共发 3291 期，特刊 91 期，至今一期不少地保存于河北省国家档案馆里（冀档全宗 614-1-432 至 600）。从 1946 年 6 月起，到 1948 年底，河北省政府又出公报 60 期，亦一期不少的存于本馆。从 1937 年 9 月至 1945 年 6 月，其间 8 年多，河北省政府连一期公报也未出，这空白，默默地见证着河北省政府的那段作为。

（三）河北省政府从成立到垮台，共产生过多少任省主席？今公众了解 1928—1949 年河北的那段历史，恐对两个问题感到有惑，第一个就是，21 年中，河北省政府共产生过多少任政府主席？——清点馆藏档案，21 年中，共产生过 13 任。他们是：首任，商震；第二任，徐永昌；第三任，王树常；第四任，于学忠；第五任，张厚琬；第六任，商震；第七任，宋哲元；第八任，冯治安；第九任，鹿钟麟；第十任，庞炳勋；第十一任，马法五；第十二任，孙连仲；第十三任，楚溪春。商震，1949 年定居日本，1974、1975 年两度回国参观，1978 年 5 月 15 日在东京逝世，其骨灰现放于北京八宝山革命公墓。今河北省国家档案馆藏有商震与傅作义、杨虎城、冯玉祥、翦伯赞等来往函札1979件（冀档全宗614-2-1至565），均有重要价值。庞炳勋，上任后即与日本眉来眼去，最后做了汉奸，是公开投敌的省主席。马法五做省主席一年零三个月，从没踏上过河北的土地。

（四）河北省政府是在哪里办公的？今天人们仍将省政府所在地称"省会"，省会的繁荣与稳定如何，对一省经济社会发展具有重要意义。河北省政府成立驻哪里？从一开始就有很大争论，至于它于抗战八年内的徙移，实属罕见，确有以档为据，一一列举之必要：1928年7月，河北省政府在天津；1928年10月，在北平；1930年10月，在天津；1935年6月，在保定；1937年9月，在大名；1937年10月，在洛阳（河南）；1943年6月，在郿县（陕西）；1945年10月，返北平；1946年7月，回保定；1947年11月，迁北平。1949年1月，随最后一任政府主席楚溪春跟傅作义参加北平和平起义，历时二十年零七个月的民国河北省政府在大陆寿终正寝。

四、关于日伪政权祸河北

从续"家谱"的意义上看，1928年到新中国成立前的若干年，当是河北"家道中落"期。原因，除上已讲过的外，就是产生过一批由国民政府培养的、由日本侵略军扶植的傀儡，它们与日军一道肆虐了河北。为使后人永远记住先辈遭遇的苦痛，兹将伪政权及主要罪孽们做下简述：

（一）河北的伪政权，与国民政府和日本签订的两个协定有着直接关系。笔者和公众一样，久知七七事变前，国民政府与日本签订过两个协议（《塘沽协定》《何梅协定》），但对详款却未阅及。编写大事记，将这两个协定一一看过，真感如芒在背。原因很简单，因那字里行间的霍霍刀声，与其说对着中国，倒不如说直接对准了中国的河北。执政的民国政府，允许日军将刀架在了河北的脖子上，自然就出了一批大大小小的汉奸们。看《塘沽协定》，共五款，第一款，竟是这样的："1. 中国军队一律迅速撤退至延庆、昌平、高丽营、顺义、通州、香河、宝坻、林亭口、宁河、芦台所连之线以西、以南地区。尔后，不得越过该线，又不作一切挑战扰乱之行为。"协定中所列的这些地方，除1928 年随直隶改河北刚刚与冀脱离的几个县外，均隶属河北。更为甚者，到1935 年6 月，当日本驻屯军司令梅津美治郎将一件"觉书"交给何应钦后，何应钦经与日方几次密商，又签下了如下协议："（一）于学忠（时任河北省政府主席）及张廷谔（时任天津市长）一派之罢免；（二）蒋孝先、丁昌、曾扩情、何一飞之罢免；（三）宪兵第三团之撤去；（四）军分会政治训练处及北平军事杂志之解散；（五）日本方面所谓蓝衣社、复兴社等有害于中、日两国国交之秘密机关取缔，并不容许存在；（六）河北省内一切党部之撤退，励志社北平支部之撤废；（七）第五十一军撤退河北省外；（八）第二师、第二十五师撤退河北省外，第二十五师学生训练班之解散。"在这个协定上，何应钦的落款是："复函敬启者，六月九日酒井参谋长所提各事项均承诺之。并自主的期其遂行。"

（二）"冀东防共自治政府"的出现，标志了在七七事变前，河北的唐山、通州等战略要地已被日军所控。无论从战略地位看，从资源丰富程度看，还是从现代工业发达水平上讲，当时唐山、通州及周边一些县，在中国均为显要之重地。占京东、掠资源，进而以此为跳板，侵占整个河北和中国，应当说是日本军入关后的如意算盘。"冀东防共自治政府"（始称冀东防共自治委员会），成立于1935年11月，于1938年4月解体。以河北省政府滦榆、蓟密区行政督察专员殷汝耕为委员长，以通县为政府所在地，统治面积约8200平方公里，辖唐山、通县及周边22个县约600万人口，设民政、财政、外交等五厅。"冀东防共自治政府"，是日军在河北扶植的第一个傀儡政权，其罪行，主要在三个方面：一是，残酷破坏中共组织，杀戮抗日军民；

二是，使冀东成为日本向中国输入日货，掠夺中国资源的重要集散地；三是，强制推行日语教育，奴化中国人民。"冀东防共自治政府"成立周年时，它自编了一本纪念专刊（冀馆图资 D.693.62.36），内有这样的供称："从前保安总队官佐由河北省政府任免自本府成立后改归本政府统辖，原有官佐由政府长官一律重新职任"。"冀东各县匪（指中共武装力量）风素炽，自划作非战区后，分驻各县与地方团警协力痛剿……查本府成立以来，审核盗匪及办理共产案件……一百六十六件"。河北省国家档案馆保存的中国长芦盐务档案，对日军占领长芦，疯狂掠夺芦盐的情形，记叙的相当清楚。仅在民国三十三年六月的一份文件中，就记载了"日军天津甲第 1820 部队一次掠走'军盐'11500 吨"。（冀档 680-3-814 号）殷汝耕，浙江省平阳人，抗战胜利后被南京高等法院判处死刑，1947 年 12 月 1 日执行枪决。

（三）"河北省公署"的出现，标志了河北的沦陷。"河北省公署"，成立于 1938 年 1 月，1943 年 11 月 15 日后改称"河北省政府"。伪天津特别市市长高凌霨兼首任省长，公署所在地初在天津，后移保定，设冀东、天津、保定、冀南四道，先后制定有《省公署组织大纲》《道公署组织大纲》《县公署组织大纲》及《经济复兴委员会规则》《强化治安河北省本部组织规程》等。1939 年 6 月，"河北省政府秘书处"，编印过一本《河北省吴兼代省长巡视纪要》，全面记载了吴赞周"兼代"省长后到四道鼓吹"日中友善"，为日本侵华而张目的情形，留下了时"河北省"全图及大量照片等，为如今了解这一伪政权提供了最好的反面教材。如"十三，河北省立唐山日语养成所概况""对唐山日语教员养成所全体学员训话"等，对第一个伪政权"冀东防共自治政府"所犯罪行作了直接的补充。现保存在河北省国家档案馆的伪"河北省政府"的档案文献，叫《河北省公报》，亦是每月印发一期，从1938年7月到1945年6月，共印353期。7年多时间内，这一伪政权共产生过五任伪省长：分别是高凌霨、吴赞周、荣臻、陈曾栻、杜锡均；共任命县知事、县长436人。（1938年任金凤山为任丘县县长等42名；1939年任刘忠福代理博野县县知事等75名；1940年任刘承瑞为涞源县县知事等51名；1941年任钱仲仁为固安县县知事等50名；1942年任王作新为蠡县县知事等18名；1943年任王德隆为宝坻县县知事等81名；1944年任方存铎为肥乡县县长等71名；1945年任苏更复代理安平县县长等48名）见冀档全宗654-1-54至122。吴赞周，河北省正定人，1937年10月日本侵占正定后任维持会会长，后任保定道尹，1939年3月，伪中华民国临时政府行政委员会令字第337号任吴"兼代河北省公署省长"，1941年，吴又兼任了"河北省长警备司令",日本投降后,以汉奸罪名被捕,北平和平解放后,被中国人民最高法院判处无期徒刑;高凌霨,天津人,因早死,逃脱了被人民的审判。

（四）"华北政务委员会"的产生,助日军对河北的血腥统治进一步加剧。"华北政务委员会",成立于1940年3月。王克敏任首任委员长,王揖唐继任。助纣为虐,该伪组织帮日军处理河北、山东、山西及北京、天津、青岛境内防共事宜,其主要精力在河北。它亦规定,省以下设道、市、县,县知事由其直接任命。从1940年3月到1945年8月,共任命道、市级官员73人,县长、县知事多人。丰润县潘家峪惨案,发生在这一时期。1941年1月25日,驻唐山日军5000多人在日军大佐佐木二郎的指挥下,血洗潘家峪,将全村手无寸铁的村民驱赶到一个大院中,先用机枪扫射,而后又放火焚烧,致全村1230余人遇害,其中31户从此绝门,在后来安葬死难者时,由于800多具尸体因烧焦而无法辨认,分葬于男、女、儿童4座大坟中（冀馆图资 K292.2/3-13）。滦南县潘家戴庄惨案,亦发生在此时期。1942年12月5日,日军第二十七步兵团所属第一联队驻张各庄部骑兵队长铃木信,指挥驻张各庄、司各庄等处日伪军250人,以枪杀、棒打、铁铲敲砸、活埋火烧等极其残忍的手段,屠杀了滦南县潘家戴庄手无寸铁的同胞

1028人（不含外村人），并烧毁了房屋1030间。王克敏，浙江杭州人，抗战后被国民政府以汉奸罪名逮捕，1945年12月26日自杀于狱中。王揖唐，安徽合肥人，1946年春被捕，1948年9月10日在北平被处决。

（五）这份档案，不容置疑地记录了日伪政权是如何祸害河北的。有关日军侵华给我国造成的损失特别是死亡人口，"二战"后，一直是有关专家学者研究的重要课题，由于资料残缺，特别是日军投降后将大量档案销毁或运回其国内，一些数据至今众说不一。河北省国家档案馆完整地保存了一份于1946年1月20日成表的"晋察冀边区八年来敌伪烧杀抢掠统计表"（冀档全宗48-1-32-2）。关于此表的来历，有另一件文书专门作了说明："贵处做此项统计时，希照顾全区人口、面积等等条件，在一周内回电重庆周副主席。"写这段话的官员是谁已无可考；"重庆周副主席"，显然是指周恩来。表及这段注语，说明了此表所引数据的权威。

按此表，统计范围为冀晋区、冀察区、冀中区、冀热辽区四个区，死亡人口为709899人。此表特注："1.本表系根据截至敌人投降后之不完整材料整理；2.反攻后新解放地区之在敌统治期之损失已计算在内；3.人口死亡数内不包括部队牺牲数目，其中被敌直接杀死者为377899人（计冀晋为82099人，冀中区为180000人，冀热辽为75000人，冀察区为40800人），其余332000人为被敌虐待伤病致死者；4.粮食损失：除包括敌扫荡征抢外，其余勒索款子亦折成粮食计算在内；5.粮食计算单位已折成公斤（每一斤=0.5968公斤），碉堡公路沟墙占地已折成公亩（一亩=6.144公亩）。"据此表所注，今可这样理解：冀中以南地区肯定未统计在内；冀东若干县是否包含在内尚有待考察确定；京、津地区肯定未包括在内；与京、津接壤的时属河北的若干县是否包括在内有待考察确定。仅冀中区，被日伪军直接杀害者为180000人，时冀中区有人口约600万，被直接杀死人口占到了总人口的3%。

五、关于热、察、京、津与河北

行政区划可因事因人而变，而一个区域既已形成，其历史的联系是不能割断的。本大事记之所以多处提到热、察、京、津、绥等地，原因就在这里。

从区域沿革上看：1928年直隶省改河北省，虽将原属于直隶的北京、天津设为特别市，但两市仍轮流担任过河北省政府驻地；且天津，自1930年11月至1935年6月，又属河北省管辖一次。这种沿革，至新中国成立后仍在延续。1949年新中国成立时，天津专区为河北所辖；1949

年 11 月，天津专区与天津市合并，被国务院列为直辖市。1958 年，天津又成为河北省的省会，1966 年天津复为国务院直辖后，属河北所辖的蓟县、宝坻、武清、静海、宁河五县，才于 1973 年划归天津市。中华人民共和国建都于北京，1952 年，河北省的宛平、房山、良乡县；1956 年，昌平、通县；1958 年，房山、良乡、大兴、顺义、怀柔、密云、平谷、延庆县，才先后划归北京。1928 年，直隶改河北的同时，热、察两个行政区成省，但冀与热、察两省可说是"剪不断，理也不乱"的关系。新中国成立后，于 1951 年、1955 年，两省先后撤销，原热河省的省会承德、察哈尔省的省会张家口及二省广大地区，又划归于河北。现在有关热河、察哈尔省的全部档案，都完整地保存于河北省国家档案馆。

从中国共产党发展史上看：京、津、热、察等地，更与河北有着特殊之意义的关系。按中共的组织系统，一般认为，1927 年的中共顺直省委，以顺直地区和热河、察哈尔、绥远特别区为活动范围。其实，经考察断定，到顺直省委改为河北省委后，其领导的范围远不止上述区域。黑龙江省佳木斯市方志办公室编写的"佳木斯一百年"，特辟"百年大事"载："1933 年（伪大同二年）6 月，中共河北省委苏梅、李向之等来佳开展秘密建党工作，发展董仙桥、

24

李恩举、李淑范为党员。"" 1935 年（伪康德二年），地下党领导人董仙桥以治病名义去哈尔滨向河北省委特派员苏梅汇报工作。"故大事记有选择地记了平、津、热、察中共地方组织在发展壮大中的一些事。

六、知往大话鉴河北

大事记不是史，也不是志，所写个事难详是它的缺陷，但它把一件件事串列一起，也算是系统的，况它简洁明快，一目了然，选好、写好了，同样可以满足人们了解过去的目的。1928—1949 年间，发生在河北的一些大事，有的至今震撼着全国乃至影响着世界的格局，无论从哪个意义上看，都是不能忘记的。续好河北"家谱"，资佑燕赵今天，为人们了解那 21 年的河北尽绵薄之力。最后应当说的是：客观世界永远走着自己的路，一个政权的出现与消亡，绝非偶然。察古知今，大话借鉴，如本大事记对河北人民有所裨益，陋见有四，希冀析疑：一是，河北不应怀旧。前称"直隶"，既得利益者是各级官吏，并非广大人民；既称"直隶"，应背负比其他省更多的压力，而这负担最终又要转嫁给广大人民。世界潮流，浩浩荡荡，不管当时出于什么考虑，民国政府将"直隶"改为"河北"，应是为河北解除束缚之举；中国共产党目光如炬，它执政后，仍未再将河北恢复为"直隶"。时代的列车已驶进"河北",河北不可能再回到"直隶"。河北人民,应真正登临远望,解放思想,不应再怀念什么"直隶"。二是,河北应当奋起。如果不怀偏见的话,人们当认知,一国乃至一省,民主化进程与现代化步伐相伴相随。"直隶"的要害不仅是"直",而且更重要的是"隶"。中华民国成立后,再看"直隶",说它是"封建帝制"的尾巴,其道理就在这里。由于这种历史的原因,说河北在进入现代化的路途上艰难于其他省份并不过分。甩掉了历史包袱的河北,至今仍算"年轻",年轻当有为,河北唯有发奋强起,才能改变至今一些外国人只知中国京、津,不知中国河北的历史困局。三是,河北应当团结。不稳永无省安,动乱绝无建树。在称"直隶"到"河北"的这个地方,我们后人应当有胆量说一句话:官员间素有"窝里斗"的恶习。过去形形色色的军阀政要们,在直隶、在河北斗来斗去,及至日寇铁蹄践踏十余年,在河北又出了那么多"奸贼",这都使河北人民蒙受了太多的苦难与不幸。积习是难改的。过往若干时候,河北还是爱出一些磕磕碰碰的事,从而影响了建设与发展,它与河北的旧土壤是否有联系?"家和万事兴",河北的干部和民众,应记住这一永不过时的史训,紧密团结在中国共产党的周围。四是,无论世情国情怎样变化,执政的政府应紧紧地依靠人民。从1928年的河北省政府，到现在的河北省人民政府，表面看，就是多了"人民"二字，恰恰这就是中国共产党与中国国民党执政性质的根本不同。看一部中共革命史的全部档案，它最秘密又最公开，它之所以生生不息，全部的秘密与公开都是四个字"根植人民"。抗战起，在河北执政的国民党政府及军队丢下河北；抗战胜，它返回来理应遭到河北人民的唾弃。改革开放、千年中兴、科学发展、与时俱进，如今河北政府，应常思此理，永不懈怠地依靠人民治理好河北。总之，希望此书的问世，对于深悟落后就要挨打，动乱就无建设的史训，对于继承和发扬燕赵儿女视死如归、不屈不挠、奋发图强的精神，对于向世人展示河北在历史上不可替代的作用，凸显其今在中国乃至世界的重要战略地位，增强全省人民的自信心和自豪感，推进沿海强省建设等，是会有所帮助的。

付志方同志悉心呵护新时期河北档案事业的每一发展，并欣然担任此书的顾问，给我们编写工作以极大鼓励。借付梓之际，向付志方常务副省长致以深深的敬意！同时向审阅并提出意见的郭贵儒、高冬梅、白捷、任存志、田苏苏、张同乐等先生，表示感谢。本局馆的李会生、赵亚光、宋洪亮、张新朋、高巍、李振军、李曼、王琳、赵兰等，先后承担了任务，赵亚光统排了事序。由于有关河北那段历史的大量重要档案，至今保存在台湾等地，加之经验缺乏，本大事记的疏漏和不妥之处定然不少，敬请广大读者指正，以便再版时，使之更加客观、完善、有意义。

2009 年 12 月 17 日晚
草成于山东济南珍珠泉宾馆

（选自《档案天地》2010 年第 1 期）

"大事记"中说大事

一、抓"两大矛盾"、分"三大事类"

从 1928 年至 1949 年，发生在河北境内（含后划归河北的热、察二省部分地区）大事，均为大事。大事，基本可分三大类，即：

1. 民国政府的施政行为；

2. 中共政权的重大活动；

3. 敌伪政权的重大事件。

三大类之外的大事，也要写进去，如殃及全省的自然灾害，有历史影响的民间案件等。所谓两大矛盾，系指民族矛盾、阶级矛盾。

若干大事都交织在这两大矛盾中，已为世人所知的重大事情，如七七事变、殷汝耕建立伪政权、热、察建省等。

把上述的大事，变成我们的语言，关键是历史的权威性、真实性。

记叙这些大事，要坚持"一条主线"，即按发生的时间先后为序。时间是最有权威的。把这 21 年时间中发生的大事罗列开来，"主线"的实质，是阶级矛盾、民族矛盾的时而凸显，时而交织。

（选自高巍同志记录整理稿，2008 年 7 月 10 日）

二、理清河北与京、津、热、察及华北局的关系

承担编研课题的同志感到压力很大，正常的。承担的任务大，压力就大，这是好现象。同志们千方百计完成任务，很欣慰，出成绩是重要的目的。但是也感到了一丝担忧，尽管努力，但任务恐怕完成不了或不好，客观上缺少经验。使用档案的能力和方法，也至关重要。有六七个课题，新中国成立后河北省会变迁、长芦盐务档案精选、1928 至 1949 年大事记、兰台秘光、三年自然灾害、撤县并县、河北省档案志等，都在有条不紊地推进着。

为了编好这些重点课题，在八九月份，曾经反复交代过，一定要弄清河北省与京津、热、察、华北局的关系。不理清这些关系，任何人编研河北的事都费劲，或者说没

法搞。这是近代以来河北的特殊省情决定的。从 1928 年河北省建省那一年起，分几个大的脉络，完全可以理一理这些关系。中共在地下的时候，河北属顺直省委，北京、天津那时算河北吗？现察哈尔、热河、晋察冀、太行山区，哪个县保存的革命历史档案最多？你们就要到哪里去查询。先了解热、察二省，再说冀。这就是破解历史的选题。

（选自高巍同志记录整理稿，2008 年 10 月 31 日）

三、没有根据的语言不要用

大事记，要本着对历史、对社会公众，也对自己负责的态度和精神去搜材。用我们的语言去表述，从河北省政府成立的那一天算起。即公元 1928 年 7 月 4 日，河北省成立。每一条解释，可长可短，视内容而定，不搞千篇一律。不过，最好不超过 200 字，对特别重大的事，要概括得更加精练才是。选大事的条目、内容，也可从旧报刊上摘一点，但这要格外注意。大事记的优势在权威，权威背后是档案。什么叫大事？从时间地点上界定。1928—1949 年，发生在河北境内（含后划归河北的热河、察哈尔二省和后从河北划出的京津部分）的大事，均为大事。找大事遵循三大线索，一是民国政府的施政行为，二是中共政权的重大活动，三是敌伪政权的重大事件等。这三类以外的事，可能还有，发现就选上，如天灾瘟疫及民间的、社会的各种各类等。以以上三大类为主。主线，是按时间发生的顺序，而不是哪个政权。从1928年至1949年，这21年，是以两大矛盾纵横交错为底色的局面。一个是民族矛盾，即中华民族与侵略者的矛盾，主要表现为与日本帝国主义的矛盾；一个是防伪矛盾，主要表现为中国共产党与中国国民党的矛盾。注意，如用"政权行为"这个词，从思想认识上也要区分好。那时，中国共产党虽未执政，但在各解放区、敌后区也建立有政权，党史、党的文件称"民主政权"，我们也这么称。民国政府是当时的执政者，在河北，称施政行为，主要指河北省政府的施政行为。至于殷汝耕等民族败类与日本帝国主义勾结建立的伪政权，如回避不了，就自称×××伪政权。要特别注意，写好世人熟知的重大事情，如七七事变，一定要彰显档案特色。民族矛盾上升为主要矛盾，导致国共合作，要千方百计地把这些事情，变成档案用语，体现我们档案人编书的特点。殷汝耕伪政权，是怎么建立的？政权结构怎样？大事记要怎样写？没有根据的语言不要用。

（选自高巍同志记录整理稿，2008年10月31日）

四、从"河北"的源头理河北

最近事情比较多，向后库搬迁 30 万档案，像一个磨盘压着手了。凡事都有轻重缓急，今年是大事之年，多事之秋，这几本书的出版也是大事，我不会忘。《大事记》的封面需要变变颜色。

我拿到目录七八天了，看了七八十页。首先肯定同志们的工作是大量的、有效的，出版的意义也是重大的。好的就不多说了。但通过看这些目录，有一个比较大的难题困扰着我，还是河北与北平、天津以及热河、察哈尔的关系。不光是我们，而且也是别人写河北这段历史一个不可回避的问题。为此我找了地名志、民政的书，也不很权威。我们编研的这些书，包括大事记、省会变迁、抗渡三年特大自然灾害、撤县并县等，不理清河北与北平、天津以及热河、察哈尔究竟是一种什么关系，就难以下笔。

为什么直隶叫了好几百年，一下子改名为河北？这个问题我序言里去说。一般地说，"河北历史悠久"，没有人持异议。因为河北的前身是直隶，直隶再往前，还有"燕赵"在等着。这还不悠久吗？但从直隶改河北，到现在才81 年，如单讲这 81 年，实在没什么悠久的。大事记直呼1928 年，全部的意义就在这里。因为从 1928 年起，中国才有了一个河北省。1928年是民国，1949年10月1日起，才是中华人民共和国。代表民国的蒋介石早跑到台湾去了。但他带不去河北。然这22年的档案，河北几乎为零，也跟着去了台湾。这样，22年的历史就形成了空白。从"河北"的源头理河北。从政治上是隶属，从其他方面说是沿革关系。弄不清这些，好多事就没底没根。称直隶的时候，与那时的京、津关系，比较清晰。直隶省总督府开始设在保定，从"洋务运动"（我认为这是中国真正放眼看世界的开始）开始，天津也成为直隶衙门之一。直到1928年宣布撤销直隶，北京、天津设为特别市，划北京10个县归河北。河北与京津的关系变得复杂起来。接着又新设了热、察两省，新中国成立后，先后将两省撤销，大部区域划归了河北。讲河北1949年前的事，与热、察二省的关系，也扯在一起，就更复杂些了。所以这段时间我想，如实在理不清这些关系，原来所说"凡发生在今称为河北境内的包括京、津、热、察的大事即为大事"，应改为"在时归河北所辖，今又在河北境内的大事即为大事"。本着这一精神，要看看这本大事记，是否有牵强附会之作，看看七七卢沟桥事变的宛平县，当时是否确属于河北，其何时归北平，何时归河北？请你们回去查查，从宛平县做突破口。

总体感觉，大事3200多条，太多了，至少得去掉1/3。

说不清、不够大的事件就去掉，恢复原来的格式。说不清的事情，主要表现为没说清河北与北平、热河、察哈尔的关系，没说清是河北省政府，还是中国国民政府的施政行为，如国民政府颁布法律，不针对河北的就不写了。其次，大事与名人的关系，与河北的关系。这种条目太多、太杂，除了对河北有典型意义的，一般的全去掉。如某某任公安局长、某某任校长，这样的条目统统去掉。再如，孙中山灵柩运往南京这条，假如当时北平不隶属于河北，就要改为孙中山灵柩经河北运往南京。在这 22 年里，有关县长任命的条目，因为具有典型意义，可保留四条：中共任命的县长；河北省政府第一次任命的县长；郭凤鸣任河北省第一位女县长；敌伪政权首次任命的县知事。要"以事系人"，事是人干的。你们再琢磨琢磨这个关系。怎么写，也是国民政府占大头，中共占一部分，有关中共的条目一般不要删去。日伪还有一部分，要注意看看，有没有漏掉他们的滔天罪行。"热河都统汤玉麟通电易帜"，当时热河与河北是什么关系。"北平国民党各省市党部联合办事处促阎锡山就陆海空军总司令职"，改成"河北省政府通电拥护阎锡山任陆海空总司令"。"中原大战开始"与"阎锡山抵达石门"合并，改为"阎锡山抵达石门，部署中原大战"。"阎锡山到沧州召集傅作义、张荫梧、李生达开军事会议"，改成"阎锡山与傅作义等在沧县召开军事会议"，目录要精练。"国民政府讨伐石友三"，改为"国民政府讨伐在石家庄的石友三"。"前北京政府总理靳云鹏出家为僧"，我们不是写个人传记、历史教科书，而是写大事、一个个相对独立的事，那些年民国人物台上台下，像"走马灯"一样的更换，一个当了几天的前总理出家，算不得一件大事，可以删掉。

调整大事记的选材方向，凸显阶级矛盾、民族矛盾这整本书的两条主线。现在从目录上看，不够突出，眉目不清楚，主线与分线缠在一起了。"去国留省"，凡是国民政府做的事，与河北没有联系的，去掉，河北省政府的施政行为要留下。"去小留大"，如成立个县学校、县长任命等，或与河北没有直接任命的事，要去掉，与两条主线没有联系的，也要去掉，只有坚持两条主线，才能体现这本书所要达到的历史凝重感。"去芜留菁"，意思就是去杂草留庄稼。"去足留蛇"，目录和内容一定得明快，讲清楚了即可，不要空发议论，画蛇添足。如"陈业暂行代理河北省官产总处附设的清室私产清理专处工作"，改成"省政府令陈业负责处理清室事务"。光是目录就还有 70 页，包子皮太厚，三口咬不到肉。绝不是写得越多，书就越重要，恰恰是，只有恰如其分地反映两条主线、三个时期、四种政权的，才重要。有时候想得越全，越不全；想写得越多，越杂乱。

（选自高巍同志记录整理稿，2009 年 6 月 8 日）

五、虽只多了两个字，具有性质的根本不同

等把序言写好，可以考虑出版付印。虽不是志，有志的性质。虽不是史，也是从 22 年历史上选择出的重大事情，也有史的味道。跨度 22 年，怎么对它做一个总体的概括和评价，便于读者从 22 年散乱的大事记中了解、记住一些东西，这就是序的根本问题。编书的人，自己作序，如只会画龙，不会点睛，这一稿，又做了很多的修改和调整。

在那 22 年里，河北换了 13 任省长，至于各县县长的撤换，更有戏剧性。有的投敌，有的起义，有的不辞而别，不知所终。从七七事变，河北的省政府就不在河北办公行政，到处跑。省政府颠沛流离，可想地方民众更苦。而同一时期，中共在河北建立的政权始终坚持抗日，与老百姓同甘苦。这是历史的真实。书也好，序也好，理应重点序这些。

重点不等于全面。在突出重点的基础上，对如何看待伪政权的"行政"？天灾、整个河北的"家道中落"等，也要分写，再评论几句。关于宛平，经查在七七事变时，

是归属河北的。但存在一个代管的问题，也要客观写出。

记录历史、传承文明、服务历史、造福人民。与全省的经济事业发展一样，这些年，我省的档案事业也进行着全新的发展，档案收集开发利用的力度空前加大。编写大事记，是一件非常有意义的事情，可以作为爱国主义教材。无论从接续"家谱"，还是从对当今社会发展有所裨益的角度，都是想为河北做出点贡献。"前事不忘，后事之师。"编写出版这本大事记，有利于三个方面。特别是河北省由直隶改称河北后，其政府，无论是否在河北办公行政，一直是以规范的五个字相称："河北省政府。"1949 年 8 月 1 日，河北省人民政府成立。呜呼，一样的燕赵，不一样的河北。虽然只是多了两个字，但人民政府与政府相比，具有性质的根本不同，全心全意为人民服务是党的宗旨，人民的政府，应当天天想着冠在头上的这两个字，分量有多么重。用档案资源，为河北省的"资政惠民"尽绵薄之力。

（选自高巍同志记录整理稿，2009 年 8 月 22 日）

六、中共始终与河北人民同在

对中共政权及武装力量在河北的作为，如写成党史样有悖大事记。如像文学作品，写成神也不行。要用客观事实，清晰表述中共在这段的贡献和作为。如果写不好，就标志着大事记不成功。这22年，是错综复杂的22年，但最终胜利的是中共。蒋介石退台之前、之后，始终认为是日本人帮了中共的忙，现在看来，是蒋介石的一种认识局限。他不懂得人心向背。到1928年，国民党形式上统一了全国，日军在中国肆虐，国民政府应把日军赶出中国去。大事记提炼出的观点，要站得住脚。对中共以档案为凭的事，说得不够。涉及中共的大事，要更多地找出些档案来，说明中共的组织和武装力量，就是始终与河北人民同在。如除了打日本外，还一同抓生产，一同渡难关，一同反内战等。中共善于打边缘，边缘是国民政府和日伪势力都薄弱的地方。中共河北省委，在1937年后分成了保南省委和敌后的省委。为什么分开了，我认为是根据四分五裂的省状决定的。从顺直省委到河北省委，然后面对四分五裂的省状，灵活机动地分区域建立党委，保存自己，打击敌人。这也恰好说明，无论条件如何变化，环境多么艰苦，中共始终与河北的老百姓在一起，没有放弃过河北，没有脱离过河北人民，这就是不弃不离。而看国民党省委党部及其各级党部，日本人一来，在河北就断线了。到1949年，中共中央决定，"恢复"河北省委，而不是"成立"河北省委。直隶改河北，在国民党执政时，河北省政权是省、县两级，还是省地县三级？新中国成立后，天津改直辖市，地位突出了，河北拱卫首都，成为北京的护城墙。从未有人从这个角度提过。近代、民国、抗战，都有河北的无私奉献。

（选自高巍同志记录整理稿，2009 年 9 月 5 日）

七、1942：抗战的关键年

1942 年前后，日军到了歇斯底里、孤注一掷的程度，河北的抗战到了最艰难的时期。用档案说明中共的作为，如冀中的大量档案就说明了问题。抗战是个分水岭。1937 年，国民河北省政府在保定，按档案说，到 9 月政府就跑了，一迁再迁，跑了多个地方，而这时，在河北省的只是中共在施政。为什么殷汝耕等先后在河北建立伪政权，连他们也看到了河北处于"真空"。可集中提一下冀中区中共政权组织的活动。华北地区，河北首当其冲。1942 年，是关键的一年。若 1942 年河北挺不住，整个华北，进而全国，就难说了。河北的民众，为抗战胜利和民族解放，做出了太多的牺牲。日本人的"三光"政策，使河北蒙受了太多的痛苦。若中共再不施政，整个河北早完了。在中共地方政权，在各个方面的领导感召下，河北人民奋起抗争。一直管到老百姓的军队，只有八路军。从冀中到河北到晋察冀一带，中共发动的游击战争，拖住了日军南下的步伐，影响了整个战局。

（选自高巍同志记录整理稿，2009 年 9 月 5 日）

八、大事并不是一般大

亚光等同志：关于"大事记"的"大"，已数次谈过，再系统一下供研。一、大事之所以叫"大事"，一是意义大，二是影响大，三是规模大，四是名气大，五是对今人的启发借鉴作用大。"大事"并不是"一般大"，对真正意义大影响深远且富有借鉴教育意义的事，尽量不要遗漏。二、开拓思路，把"大"的味道写出来。所谓"大"的味道，就是它的意义与影响，它的借鉴作用。所以不要千篇一律地处理，该重的就要写它，每件事均这么几行恐不行。三、人事人事，人与事不能分离。事是人干的，人因干成了某事而成了名，应注意的"以人系事，以事系人"这个关系；应见事不见人。具有"特大"意义的事有几件？望再梳理一下。

（选自工作手记，2009 年 12 月 22 日）

九、思路不开阔，总有东西束缚着

恢复到初衷上去，"十年磨一剑"，磨出精品来。要受读者欢迎，档案部门编出的东西，应当有它自己的价值，索性各本书都下功夫。

大事记，说过多次，大家下了很大功夫，要出版，2009 年八九月份就可以出来。之所以没有出，我的时间很紧，前段主要时间放到了后库，现在越来越好了，冬天也可以开办公会了，基本条件均能承载了。凡事都要经过实践，制度产生于实践，完善于实践，书也是这样，反复实践的过程，就是磨剑的过程。有些时间在实践中可以产生新的想法，原来没想到的。

下步要做的工作，一个是补，一个是精练。所谓补：大事记所列的大事不多，面窄，出版后会导致社会各阶层目光受限。主线的三个重点是突出了，骨架可以了，但肉不丰满，缺少的是肉。如三个政权的斗争，打斗中也有联合，打也有多种打法。国民政府具有妥协性，时而跟中共合作，时而跟日伪合作。而中共则不然，中共的坚定性和一贯性是事实。大事记所谓大，一叫意义大，二叫影响大，三叫规模大，四叫对今人的借鉴意义大，五叫借鉴作用大。意义大，关键看是怎么领会，要考虑它的第一性，首先性。

河北省电报局成立，这一部电话就是意义大，开拓性的，第一的，类似的这个。影响大，既有意义大，又有影响大，即非常广泛，如七七事变。规模大，可以理解为涉及参与的人多，区域广泛，如大洪水、大瘟疫、大战争。借鉴作用大，只有具有了上述三个方面，书会有借鉴意义。正反两方面，都可借鉴，凡涉及面广，人员众多的事，总会产生重大影响。

要补也是补大的，有用的，读者爱看的，有借鉴作用的。全省性、区域性的重大自然灾害，水、旱、虫、疫等，要补；民间重大的事，如走西口、走东口、下关东，出现在河北的难民流等要补。政府逃亡，民众也逃亡；各种祭祀，会道门的活动等，都和灾、战有关系。还应注意范围，一些重镇的沦陷，现在这11个市，是否都有？有些重点县也要重点梳理一下；如涉县、平泉、新保安、平山等。平山不用说了，涉县是刘、邓一二九师的司令部，含有大事的；阜平是毛泽东写《将革命进行到底》的地方；新保安是彻底消灭傅作义王牌军三十五军的地方，到现在还没恢复新保安城。通县，第一个伪政权就建立在通县，通县后来归了北京，大量的档案也给了通县。第一个伪政权的建立也不是那么容易的。殷汝耕和日本策划大乱，然后建立了自治政府，先从香河闹起。资料不全，可以与11个市局和重点县联系。要参考一下我省编出版的党史资料，北京、天津的党史资料，有关重大事件的专著。长芦档案，可作重要参考，日军侵华，盐，成为日中争夺的焦点之一，特别是军用盐。主线分明、重点突出、血肉丰满。不仅官员，而且社会各阶层都愿意看。思路要开阔，扇面形，思路不开阔，总有东西束缚着。

（选自高巍同志记录整理稿，2010年1月3日）

十、开展"中国长芦盐务机构考"

今年1月3日曾谈到，丰富完善大事记，长芦档案可为重要参考。因为日本侵华，掠夺资源，盐是焦点之一，特别是军事用盐。河北最先沦陷的是唐山一带。民国政府与日本签订"塘沽协定"，塘沽就是"盐窝"；殷汝耕建立伪政府，管京东13县，一个重要任务，是帮日本人从长芦掠夺盐。日本侵略者一进入河北，就全面侵占了长芦一带，并且也建立了一整套管理机构。这件事，大家一定要注意。

今年给张继卫同志一个任务，用半年时间，写出一篇有价值的"中国长芦盐务机构考"。现在利用盐务档案，因整理得粗，很难看全貌。由于长芦跨越年代久远，类别浩繁，在机构的变化中，不知详情，因不知机构详情，就难以让利用者很好地利用。这篇东西，意义远远高于原来写的长芦盐务价值举要。这个问题很重要。长芦盐务机构最初建立于何时，是清朝还是明朝，要有个权威的说法，到了民国，机构又有什么变化？每次变化有什么原因，都要弄清了。民国政府把直隶撤了，但没有撤长芦呀，我们管档案的自己编大事记，同样遇到了这种情况。通过大事记发现问题，从而完善档案管理，这是一个意外收获。"机构考"它的级别还很高，它的"一把手"，在官员序列中位置显著。日伪时期，整个长芦由日本把持，推行日式管理，与明、清、民国看似一样，实际不是。历史上，大连这座城市管理水平高，与俄、日先后管理，有矛盾。因各国进入现代化的起点不同。抗战期间，国民党失去了对长芦的管理权，前后机构是如何消灭的，中国共产党殊死抗战，因在野，不可能设有盐务机构。日本设机构是为了抢盐，中国政府设机构是为了垄断，在一定时期的垄断，虽有弊端，但没有更好的办法。

（选自高巍同志记录整理稿，2010 年 8 月 18 日）

十一、涉及天津的事都要多找

无论是大事记，还是《省会变迁》，涉及天津，都要多动脑，多搜材料。小尚同志找一找天津的老同志，让他们回忆一下当年在天津的一些事情。《变迁》一书的书名，实际上应从 1952 年说起，实际搬家是三次，从 1952 年到 1968 年，和历史最吻合。始末，始自 1952 年，末至 1968 年。从 1952 年起，河北就为省会心神不定，结果保定做省会，从 1949 年到 1958 年，10 个年头。

《大事记》有好些事，形成于天津，特别是 1928 年到 1937 年这段是不能马虎的。《大事记》的内容，要突出四个年头：1928、1937、1945、1949 年。照片不一定和条目相对，尽量选的照片与河北贴近。为什么要突出这四个年头，大家均应明白，1928 年，河北省成立；1937 年七七事变爆发后，河北多地沦陷；1945 年，日军投降；1949 年，政权更替，中华人民共和国成立。《大事记》要补几张照片，一是马本斋、二是白文冠、三是黄骅、四是邓小平在南宫会见美国人。另，1949 年这一年必须重点突出西柏坡，五大领袖的个人照片、合影要有。林彪 1946 年从河北邯郸一带一路往北秘密潜行去东北的，也应补写上。

（选自高巍同志记录整理稿，2011 年 9 月 13 日、12 月 27 日）

关于《1928—1949河北省大事记》的序言问题

一、由"直隶"改称"河北"，应是河北的第一件大事

"河北"作为泱泱大国一省，其源头在哪里？国人尤其是河北人民，应当了解"河北"的称省历史，因为这是一段极为错综复杂又对后人极有借鉴意义的历史。出于接续好"河北"的"家谱"，让河北人民的后代子孙完整了解自己的历史的考虑，我们也应对散存在各省、全国各地的1928—1949年河北档案，进行大量征集，并结合利用已有馆藏的档案，下大气力，编写出版《1928—1949年河北省大事记》，以为河北的建设与发展尽档案工作的微薄之力。

从继承、接续的角度去看，既然是称一省一市的志，无论是河北省的省志，还是河北省各市、各县的志，均应从"河北省"成立编起。可是令人遗憾的是，由于档案资料的极度缺乏和那段历史的极其复杂，要用志这种形式记叙1928—1949年河北的变迁，是极为困难的。可以说，1928—1949年，对"河北"来说，到目前仍是一段"空白史"。深信此书的出版，对于全省上下深悟落后就要挨打受欺负、动乱就无建设的史训，对于继承和发扬燕赵儿女视死如归、不屈不挠、奋发图强的精神，对于向世人展示河北省在历史上不可替代的作用，凸显其今在中国乃至世界的重要战略地位，增强全省人民的自信心和自豪感，激励沿海强省建设等，具有多重的历史的和现实的意义。

　　由"直隶"改"河北"，绝不是一个简单的称谓变更，而是折射了"河北"在"民国"和"共和国"之间的复杂地位。序言中，要首先说清这件事，应思考为什么1911年中华民国成立了，"直隶"这个称谓没有变呢？为什么到了1928年，国民党中央将直隶改称了河北？按说这不是编大事记回答的问题，但溯"河北"二字源头，又不能不认真提及，不然，就难以理解1928—1949年发生在河北省的这些事。而要说清这些，应先从直隶省的历史地位说起。"隶"，属、附属之意，"直隶"，直接属中央政府管理。"直隶"和现在的"直辖"，并不完全是一个意义。因为"直隶省"只能有一个，而"直辖市"可有多个。

我查史料，在地方行政机构设置上，当时直隶省确实是高于其他省的。清朝省的地方行政机构，一般分为省、府（州、厅）、县三级，而直隶省，实行省、道、府（州、厅）县四级制。其中"道"，相当于其他的"省"一级。而直隶省的顺天府，更是被高看一眼。顺天府系京师所在地，视同省，设兼尹。兼尹一般由中央六部尚书、侍郎兼任，通常为一、二品官。到1928年北洋政府垮台时，直隶辖有津海道、保定道、大名道、口北道共119县。另辖京兆、热河、察哈尔三个特别行政区。国民政府设都于南京，说因此直隶省失去了其京师重地之位而改称河北，未免过于简单。

1911年中华民国的成立，标志着中国封建帝制的解体。但由"帝制"驶向"共和"的车道，却是异常崎岖。袁世凯及随后的"北洋政府"，都堪称是开"历史倒车"的高手，他们仍将"直隶"作为控制全国的"宝地"，自然不会改"直隶"这个名字。应当承认，国民政府改直隶省为河北省的同时，将原直隶的热河、察哈尔两个特别行政区划分出来，成立了热河省和察哈尔省，具有历史的进步意义。直到现在，人们称河北时，仍不时叫为"京畿大省"，这是为什么呢？除了考虑"京"这个因素，应着重从河北在中华版图，在全国的政治、军事地位上去认识才对。无论怎么说，"直隶"改"河北"，当是河北永远的第一件大事。

二、日伪政权的出现，是河北"家道中落"的标志

"家道中落"，从"家谱"的意义上讲，从1928年到1949年，应当是河北"家道中落"的22年，原因是家里发生了太多的不幸。最大不幸是什么？我认为是日本侵略军及傀儡政权在河北的肆虐。从1935年到1945年，10年时间内，在称"河北省"的这个区域内，共交错产生过四个日伪政权。编写本大事记，要有选择地记下四个日伪政权在河北活动，同时，有必要将四个日伪政权，逐一做些介读，这样才以便后人永远记住他们在河北的罪证。

经查，1935年11月24日，国民政府滦榆、蓟密区行政督察专员殷汝耕，在日军唆使下，发表宣言，宣布脱离国民政府，以冀东地区22个县为范围，成立"冀东防共自治委员会"，殷汝耕为委员长。这是河北第一个伪政权的产生。他们以通县为政权所在地，统治面积约8200平方公里，统辖约600万人口。12月25日，"冀东防共自治委员会"改称"冀东防共自治政府"，殷汝耕为"冀东防共自治政府"政务长官，池宗墨任政府秘书长，下设民政、财政、

外交等五厅，临榆、抚宁、昌黎、卢龙、迁安、滦县、乐亭、申润、遵化、玉田、宁河、蓟河、宝坻、平谷、三河县等。这第一个伪政权的罪证，主要表现为以下几点：一是，给全民抗战造成了极大冲击；二是，为日本向中国其他地区大量输入日货，如砂糖、石油、杂货与鸦片，给天津海关的收入与中华民国的贸易造成极大冲击；三是，在统治的区域内推行日语教育，给中华文化带来了极大冲击。到1937年12月14日，在日军扶植下，又一个伪政权在北平成立，它的名字叫"中华民国临时政府"。统辖包括河北在内的山西、山东、河南四省和北平、天津两个特别市。王克敏为行政委员会委员长，主席一职暂缺。有意思的是，该伪政权仍使用中华民国年号，国旗是红、黄、蓝、白、黑五色旗。紧接着，到了1938年1月17日，在日本侵略军一手策划下，伪"河北省公署"在天津成立，4月1日，"冀东防共自治政府"宣布撤销，所辖各县划归了伪河北省公署。伪河北省公署，下设了冀东、天津、保定、冀南四道，伪天津特别市市长高凌霨兼任伪省公署省长。这个伪政权，秉承日本侵略军的意志行事，大肆掠夺中国经济资源的同时，在其控制区，进行所谓的建设事项，先后制定有《省公署组织大纲》《道公署组织人纲》《县公署组织大纲》及《经济复兴委员会规则》《强化治安河北省本部组织规程》等。它的存在时间之长，对河北的破坏之系统、之深，我们编大事记，一定要注意。到 1940 年 3 月 30 日，随伪"国民政府"在南京成立，汪精卫任代主席，又一个地方伪政权，"华北政务委员会"成立，王克敏任委员长，内设内务、财务、教育、实业、建设等总署，是伪国民政府处理河北、山东、山西三省及北京、天津、青岛三市境内事务的工具，承担所谓防共、治安、资源开发及调节物资供求关系等。

三、"抗战"这一阶段，是河北各种矛盾、关系最为复杂的时期

称"河北"的这 22 年，总体上可说是"三种政权（国、共、日伪）并存，两条主线（阶级矛盾、民族矛盾）时交时凸，五省市（河北、热河、察哈尔、北京、天津）分分合合，时局混乱，民生疾苦的 22 年。尤其是抗日战争这一段，是河北各种关系、矛盾最为复杂的时期。对这一段的大事如何把握，事关大事记成败。

客观世界永远在走着自己的路，一个政权的出现和消亡，绝非偶然之事。中国共产党诞生在民族灾难深重的 1921 年。1922 年 4 月，它就在唐山建立了地方组织。而且无论时局如何变幻，它领导人民翻身解放，奋斗目标始终

不变，并为此做出了极大的牺牲。这在大事中，一定要清晰可辨。铁一般的史实是，蒋介石一直将中共看作是自己的心腹大患，我查过，在国民党的白色恐怖下，中共河北地方组织被破坏，有大批共产党员被杀害，仅1932年7月到1933年5月，全省共产党员人数，由3025名减至1600名。但河北的共产党人，他们怀着坚定的政治信仰，向着既定目标，前赴后继，连年多次发动农民暴动，武装起义。如，高蠡暴动、红二十四军及阜平苏维埃政府建立等等。

1937年，抗日战争在河北省宛平县卢沟桥爆发。河北地区先后建立过辖区不同的中共河北、平汉线、北岳（晋察冀）、冀中（保属）、冀南（冀鲁豫）、冀热察、冀晋、冀察、冀热辽等区党委或省委及其所属各级组织。然看史实，从1938年下半年起，国民党奉行的却是"防共、限共、溶共"政策，对河北地区共产党、八路军的武装"摩擦"从未断过，而且时有升级。他们甚至通令过，取消敌后抗日民主政权，要"向共产党八路军收复失地"。这样，随着战事的发展，河北地区各抗日根据地，就成为日军军事进攻和国民党顽固派搞武装摩擦的重点区域。为了粉碎日军的"扫荡"，制止国民党顽固派的摩擦。1940年，河北地区八路军反击国民党顽固派石友三、朱怀冰部取得胜利。

从1941年初到1943年底，是河北各抗日根据地空前困难时期。这时期，日军为达到"确保华北占领"的目的，连续五次推行"治安强化运动"，对河北各抗日根据地反复进行"扫荡"和"蚕食"，实行烧光、杀光、抢光的"三光"政策，使冀中、冀南和北岳大部分地区，变成了游击区或敌占区，各根据地面积大大缩小，物质生活条件十分困难。河北各抗日根据地军民，不畏艰难、不怕牺牲。反"扫荡"、反"蚕食"，用土枪土炮和自己的血肉之躯同日军、伪军展开了殊死的斗争。创造了无数战争史上的奇迹，如地道战、地雷战、青纱帐等。涌现出许多英烈人物，如狼牙山五壮士、爆炸英雄李混子、马本斋、白求恩等。在河北，日寇完全陷入了人民战争的汪洋大海，以华北为大后方，快速灭亡中国的梦想彻底粉碎。

四、客观看待民国河北省政府的施政行为

客观地看待国民政府及河北省政府在这一阶段的作为，也即施政行为，应当是这样的：1937年日军进攻卢沟桥，时任河北省主席、主持第二十九军军务的冯治安命令部队坚决抵抗，给予日军以沉重打击。由于国民党实行片面抗战和消极防御方针，平津沦陷，河北大地很快落入日军手中。河北省政府也辗转南撤，离开本省，最后到达陕西。日本投降后，河北省的广大农村及中小城镇已被共产党领

导的武装所控制，国民党军队在美军的配合下，为抢夺抗日胜利果实涌入河北省，其省政府也随即返回河北。这时候，河北省政府的施政，主要是贯彻"戡乱反共"，虽然其政令仅达四十几个县及一些孤城。至于全民抗战前，民国政府与日签订《何梅协定》《塘沽协定》，应认为是日本迫使国民党政府承认了丧权辱国的条约的。对首任河北省政府主席商震，作如何评价，是写大事记回避不了的，应给予一定的历史的肯定才是。如他代表省政府致电南京中央，请求裁撤河北省境内驻军。称："河北省政府成立以来，军事尚未结束，前方战事，后方维护，于是各方军队纷纷而来，境内驻军达 100 余师，给养即成困难，纪律松懈、骄奢恣肆、气压民众，以致民怨沸腾……以河北、以党国大局着想，不撤出军队，政治无着手之地，不拯救民生，革命终无贯彻之日。"

（选自工作手记，2007 年春）

河北简称"冀"，当在 1928 年之后。"冀中"，产生于何时？"大刀，向鬼子们的头上砍去"。"冀中"产生于抗战，闻名于环宇，流传至今日，它是中国共产党及其武装力量与河北人民同生死、共命运，一道抗战而形成的显著历史性标志，它的称谓本身，就如同深刻在河北大地的抗日碑文。翻拾史档，此乃河北身上的又一重要疤痕，不过，这是河北的光荣印记。无论再过去多少年，讲"二战"、讲中国、讲河北，"冀中"也是不会褪去的。

"冀中"：深刻在河北大地的抗日碑文

——与刘金辉书记商建"中国冀中抗日战争纪念碑"

一、应建立冀中抗日战争纪念馆、纪念碑

2005年，是世界人民反法西斯战争胜利60周年，也是中国人民抗日战争胜利60周年。如再过60年，人们还要纪念抗战的胜利，该纪念什么呢，能看到哪些纪念品呢？想到时间越推移，越要对确实需要永远记住的历史尽量多留下一些鲜活的东西，就应当是立一座"中国冀中抗日战争纪念碑"。如再多建些纪念馆，或其他建筑纪念物，那是更好的。这真是干什么，想什么，吆喝什么。恰恰在这一年，因为省委农小撤销，改做档案工作，就朦朦胧胧地产生了上述认识。继而总想从尘封的档案中，挖掘出一些具

有重要意义的历史信息，以资今日经济社会发展，服务大众对档案文化日益增强的需求。所以，到任不久，所做的重要事情之一，就是构思出版一套"资政惠民系列丛书"。按当时的想法，这套丛书，从直隶改称河北开始，一直写到新中国成立后的"文革"。以档案为凭，专拣河北的沉重话题来说。这样，丛书的第一部，书名就定为《1928—1949 年河北省大事记》。

从 1928 年河北脱胎于直隶，到 1949 年新中国成立，按虚年数，河北整整 22 年，发生的具有河北色彩的历史大事，真可谓多多。翻阅这段时期的档案，无论从哪方面看，在河北，都当说是具有特殊重要意义的历史。七七事变之后，一个新称谓频频出现了，感到特别抢眼，这个新称谓，便是"冀中"二字。当然对"冀中"是不陌生的，自走向县级领导岗位以后，多次到过冀中各县。但这次想"冀中"、说"冀中"，与以往不同了。朦胧的一个认识，明晰快乐。应建立冀中抗日战争纪念馆、冀中抗日战争纪念碑。这想法怎么样？能不能得到各级领导和广大民众的认同与支持？于是在 2007 年秋季，借上海开会返途，与王潮同志特意从天津下飞机，经大城奔肃宁县去。

从河北的版图看，肃宁及相邻的几个县，如河间、饶阳、献县、蠡县等，是典型的"冀中之中"区位。抗日战争时，由贺龙指挥的著名齐家战斗，发生在河间，但组于肃宁；白求恩在"冀中"，也是指这一带。抗日民族英雄马本斋，献县人，其领导的"回民支队"最初经常战斗于这一带。葛存壮老先生的"地道战"人物之所以那么传神，想必也与他是饶阳人有关系。说"雁翎队"比称"白洋淀"，白洋淀就为安新、雄县、任丘、蠡县、肃宁等包围着。如建抗日战争纪念碑，这一带是甚为理想之地。那时，虽与肃宁县委书记刘金辉同志接触并不多，但他一开口，就有了共同的语言，受到了启发和教育。综合金辉书记所谈的各种意见，便进一步坚定了信心，也打开了构思的局限。金辉书记当即表示，说干就干，干就干好，并商定，由他去北京先找吕正操老将军征求意见，题写碑名、馆名等；由我在省内做宣传，找有关领导、部门，一同启动。还现场看了选址，感到非常高兴。尊敬的金辉书记，不久调离了肃宁去任丘任新职，此事暂告一段落。但金辉书记到省开会，只要有时间，我们总会继续着这个创意。2011年3月15日，在去唐山丰南等地，看档案新馆建设途中，接到任丘市文广局长电话，说金辉书记看你是否在近期能来任丘一次或我们去石家庄，再谈建立冀中抗日战争纪念馆、纪念碑等事。一听，大喜，在唐山、丰南匆匆办完事情，当天晚上就赶到了任丘。

二、"冀中",作为一个响亮的地域称谓，当产生并形成于抗战时期

第二次世界大战，是迄今为止人类历史上参战国家最多、规模最大、死人最多、损失最大，从而影响了全球的历史格局和历史进程的最大一战。笼统地说讲"二战"，"二战"，分西线与东线两大区域。西线，战场的重点主要在欧洲；东线，战场主要在亚太。讲亚太，中国无论是地域还是人口均为最大。讲中国的抗战，首先要讲东北，重点要讲华北。华北可说是中国的胸膛，河北可说是华北的心腹之地。讲这话，应当说，是恰如其分的。河北的腹地又是哪里呢？就是"冀中"。

地域是一种自然存在，任人们如何称之，总是有原因的。当一个地域的称谓，源自于政治、军事、经济或其他，并为世代广为流传，绝对具有不同凡响的意义。"冀中"作为河北的腹地，承载了当年抗日战争太多的责任，历经了许多现代人远不能想到的灾难。日本侵略者侵略我国，全国人民不屈不挠，抗战终获胜利，这在世界战争史上，有着重要的历史地位。河北"冀中"，成为沦陷区达八九年之久，日本法西斯的"三光"政策——烧光、杀光、抢光，主要实施地就在这里。看档案史料，从 1940 年到 1942

年，是抗日战争最为艰难的三年，适逢那几年河北的各种自然灾害特多特大，赤地千里，横尸遍地！抗日军民连饭都吃不上，自身保生存就面临那么不可想象的困难，还奋起与日军血战，这是多么的可歌可泣。"冀中"这一称谓，就产生并流传于这一时期。河北之所以称河北省，其源头在1928年。1928年之前，河北称"直隶"。在论述中，之所以反复强调，"直隶"称"河北"，绝不是简单的一个翻版，其改称的背后伤筋动骨，所以有进步意义。这里只是想说，在称"直隶"的时候，河北不可能简称"冀"，只能称"直"。查档案和史料，从1928年到1937年这一段，也很少见到"冀"这个称谓。"冀中"作为一个大的地域概念，就产生在抗日战争时期。大量档案中，使用"冀中"这个词最多的是中共及其武装力量和中共所建立的各级政权。中共建立的地方政权，有的干脆就以"冀中"为名字，比如，冀中一地委、二地委、三地委，一直到冀中八地委等。为什么中共及其政权和她所领导的抗日武装力量称"冀中"而得到了广大民众的认可并流传至今呢？这与我们中共及其武装力量在这一段时间为抗日救国所作出的不可磨灭的贡献有着直接的关系。七七事变，是国民党的部队冯治安部打响的，但是战端一开，国民党所设立的河北省政府及其党部即望风而逃。档案显示，整个抗日战争期间，河北省政府，并不在河北办公、不在河北施政，先是跑到河南的洛阳，又跑到了陕西的郿县。执政的河北省政府望风而逃，国民党的部队包括打响抗日战争第一枪的冯治安部队也逃了，丢下灾难深重的河北人民不管，河北的人民，当然也就不把它放在眼里。就是在这个时候，八路军的一二九师、一二〇师、一一五师等，直下太行，先后来到了河北，深入河北广大人民群众之间，与河北人民一道，与日军展开了长达八年之久的浴血奋战。因此，更准确一些讲，是中共在抗战前线频频使用"冀中"称谓，并使其建立的政权以"冀中"冠名，才使"冀中"得以流传并影响至今。看当时的档案，中共将"冀中"的范围大体确定为39个县，每个县，都有确切所指。如今将河北沧州的肃宁、献县、河间、任丘、衡水的安平、饶阳、武强、石家庄的深泽、保定的博野、蠡县这一带，用一个圆心画下来，它们的确可称为河北的"腹中之腹"，冀中的"中中之中"。无论再过多少年，无论搞不搞抗日战争纪念活动，包括中国在内的世界人民，不会忘记"二战"，说起"二战"，不能不说起中国，说起中国，不能不说"冀中"。

三、在中国，以抗日战争为载体的各类作品层出不穷，许多名作反映的是"冀中"，这不能不说是鲜见的历史奇景

我们河北人、文学巨匠孙犁，其成名作是《荷花淀》。再顺便一数，被人们朗朗上口、百看不厌的作品多得是。如《地道战》《敌后武工队》《平原游击队》《平原枪声》《野火春风斗古城》《回民支队》《雁翎队》。以人名为作的，有马本斋，"小兵张嘎"等；以地域为作的，如"平原""古城""淀""地道"等。细想这些作品，都与"冀中"紧密相连，有的是冀中抗日某事的直接反映，有的取背景于冀中。这堪称是一个鲜见奇观，而且还要观下去。"前事不忘，后事之师。"这话对任何人、任何民族、任何国家，都适用。但事如烟云，有些事，哪能不忘呢？该忘的就要忘掉它。而有些事，是永远不能忘的，该记的要永远记住，记住的事才会形成史。要记住，光靠人类大脑所传承的信息，远远不够，需要有载体、有平台，方可世代流传。档案是一种载体，书籍是一种载体，但更大的载体，应当是一个个实实在在的大平台，这也不是今人所发明，古已有之的。比如建纪念堂、纪念馆，立纪念碑等。如果能在冀中某县，建立冀中抗日战争纪念碑，矗立冀中抗日

战争纪念馆，我想，不仅河北人民会赞成，国人乃至世界的一些友人，也是赞成的。因为"冀中"的抗战，太残酷了，也太土了，因而"艺术"。人自为战，村自为战，大刀对机枪，木船对快艇，地道对骑兵。看来武器与战法真不是决定战争胜负的根本，根本是逆潮流还是顺潮流。多少年后，人们记住的冀中抗战，应当是人民战争的灵魂与正义战胜邪恶的过程。这是由冀中抗战的典型意义与它的历史作用所决定的。立纪念碑、建纪念馆，为因抗战而死的烈士们作纪念，为被日军杀害的成千上万的老百姓做纪念，为中共及其武装力量为民族解放而作出的不可磨灭的贡献做纪念；当然，也利于让日本人记住他们的这段极其野蛮的历史，记住伟大的中国人民是不可战胜的。如果馆果能建起来，刚才说的那些作品的名称，就可以构成一个个的展室之名，这也很有特色。比如小兵张嘎馆、回民支队馆、地道战馆、敌后武工队馆等等，既充分体现当年的那段真实历史，又丰富多彩、特色鲜明，人们岂能不愿意看呢？

四、单纯从发展"红色旅游"看，在河北也需要填补一个空白："冀中"

旅游，越来越成为拉动经济建设、推动社会发展的一个新兴领域与产业。特别是"红色旅游"。"红色旅游"不仅得到国人的赞同，世界友人现在到中国来，也同样大感兴趣。在旅游这一方面，河北有很多的亮点，但仔细一看，河北的旅游亮点，大多分布在河北的周边区域，如承德、秦皇岛、邯郸。"冀中"这么一片广袤的大地，有什么大亮点呢？北部有一个白洋淀，南部近年兴起一个衡水湖。这二地之间，还缺少一个平台与纽带，如果有个平台与纽带连起来，河北省的整个旅游，从南到北、从东到西，从边到中，才能形成一个大系统。亮点之所以为亮点，它们总要与一个名，与这个名所承载的历史和文化内涵而扬名。比如讲承德，人们自然会想到"避暑山庄"，讲秦皇岛，人们会自然想到"秦始皇"，讲邯郸，我不知别人怎么想，可能会想到那些历史的典故，"邯郸学步""胡服骑射"等。但我会首先想到涉县，为什么？因为八路军的一二九师司令部设于此，刘邓大军千里跃进大别山，就是从涉县把主力队伍拉出来的。一个一二九师司令部，就给涉县进而给整个邯郸，带来多大的光荣！建立冀中抗日战争纪念馆、纪念碑，"冀中"的各个县，责任均等，权利均等，谁都有这个资格。但这馆这碑，不能立得太多，谁捷足先登，把这张大名片抓到手，这大名片就在谁那个县土上，现在和将来，定会成为源远流长的、越来越有价值的文化历史资源。当年康熙皇帝题写避暑山庄，我想无非就是给那里临时的办公场所命一个名吧，他不可能想到几百年后，"避暑山庄"四个字，有这么大的价值和影响。"新中国从这里走来"，西柏坡红遍了全中国，毛泽东主席等，当年在这里工作不到一年时间，他们能想到几十年后我们是这样看待西柏坡吗？河北有不少"红色旅游"地，现在最大的当属西柏坡和一二九师司令部。如果建成冀中抗日战争纪念馆、冀中抗日战争纪念碑，用不了多少年，它可能成为与西柏坡、一二九齐名的红色旅游地。不信，可以让后人去看、去评。而且，随着时间推移，成为民族文化旅游的一大亮点，也并非不可能。

五、建立"冀中抗日战争纪念馆、纪念碑"，要有国人视野、世界眼光

想问题，办事情，特别是办大事情，一定要有大思维、大眼界、大手笔。身处任丘说任丘，我认为，任丘的各位领导和各位同志，如干这件大事，起码要有"两个看"的眼光：一个是，站在任丘，看到全国，看到世界；一个是，站在今日，看到三十年后，看到百年之后。立碑建馆，不像投资办个企业，修一段路，建一座桥，那样见效快。这是一件功在当代、利在千秋的事业。如大家认同这句话，建馆立碑，它有"三大"好处，一是历史影响大，二是现

实意义大，三是日后所带来的效益大。面向全国，什么意思？如使用"冀中"，河北省委、省政府同意不同意？"冀中"各县同意不同意？大家如一讨论这个问题，起码这就是全省事宜。我想这么大的好事，省领导们是会同意的。在"冀中"面前再冠以"中国"，叫"中国冀中抗日战争纪念馆""中国冀中抗日战争纪念碑"，那就要问问，国务院和有关部门同意不同意，随意冠"中国"二字不太可能。如果省委、省政府支持，省委、省政府肯定也会支持我们冠以"中国"。至于征集档案资料，征集实物等事情，我觉着都不太难，得民心的事，一定会得到民众和各方面的支援。既然冠"冀中"，冠"中国"，这个馆，日后所征集、保管、展示的各种档案、资料等等，应当超出"冀中"这个范围。因为"冀中"不是孤立的。许多抗战的先辈们，特别是在冀中抗战的先辈们，他们有的可能保留有当年的纪念物，即使当年牺牲的英烈和新中国成立后先后不在世的，其后人手中，也可能有各种各样的纪念物。如有了馆，他们不愿意放在这里吗？从河北各级国家档案馆的馆藏看，记录抗战时期特别是晋察冀那一阶段的档案，占有相当大的比重，如果把这些档案通过复印、交换、捐赠、征集等办法，全集中到这个馆来，这个馆起码，就可能成为河北抗战的档案史料大全。分布在全中国各地的抗日战争纪念品、纪念物，只要我们方法得当，也会源源不断地收进我们的馆。世界华人很多，谁能说他们手中没有相关的资料可征集、可捐赠呢？就连当年侵略中国的日本军人，其现在在世的也好，不在世的也好，他们的家、他们的后人，也应当有一定数量的纪念物品啊！向他们征集，也不是征集不来。至于说到实物，那就更多了，文件、传单、笔记本、照片、战刀、枪炮、钢盔、地雷、各种土造武器多得是。我总想，如果面积不大的话，过若干年这些资料还没处存呢。从这个意义上看，持续不断地努力下去，过若干年，使"中国冀中抗日战争纪念馆"成为一个全国性的抗战史料大全、实物大全，也不是不可能。现在大（庆）广（州）高速公路已通车，就从我们任丘境内穿过，如果这个馆、这个碑，选个合适的地点，那高速公路上，肯定要出现"冀中抗日战争纪念碑""冀中抗日战争纪念馆"的路标指示，可以想象，有相当多的人，看到标志后，会拐下路来看一看。起码那座高大的纪念碑，即使你不下路，在车上一望，也是一目了然，多看几眼，就是受到教育。讲爱国主义教育，它不是那样贫乏的。白洋淀的一部分，就在任丘境内，"雁翎队""小兵张嘎"，就产生于此。如从郑州下高速直达白洋淀，这个馆、这个碑就在路边，结合得会很好。再配以其他设施，办好第三产业，与观光、休闲结合好，再过若干年，其巨大的社会效益、经济效益，都会显现出来。

六、功在当代，利在千秋，我们有责任，而且也有能力去干好这件事情

关键，一还是认识，二还是下决心。说干就干。要成立专门队伍来抓，邀请高水平的专业人员来帮助策划设计。要建得既有历史特色，又有现代风采，地方韵味浓浓的。要分别做好各个方面的工作，跑部进京应有针对性，宣传协调全省要有专门力量，实际施工操作要有专门力量。几股力量合在一起，就能尽快干成这件大事情。我们应当有信心。起码通过努力，使其成为河北省的一个文化历史重点项目，还是很有希望的。找省的有关领导人、有关部门，包括去北京做一些事情，包括面向全国、全省，做一个档案史料的征集方案，我都可以尽微薄之力。抓住机遇，乘势而上，此事必成。在2007年，跟金辉书记座谈的时候，我们两个都到了摩拳擦掌的程度。当时想，用两到三年时间干成，请国家领导人，请我们省委、省政府的主要领导，来揭牌剪彩，在2010年揭牌剪彩，恰好是中国人民抗日战争胜利65周年。如我们从现在动手去干，到2015年，是中国人民抗日战争胜利70周年，请国家领导人，省委、省

政府主要领导来剪彩揭牌，我想是能请得到。到 2017 年，是中国抗日战争即 1937 年七七事变的 80 周年，如举行揭牌开馆仪式，我们的时间就更加充裕。总之，此事影响大、意义大、效益大，我们应当为之而奋斗！

（根据 2007 年和 2011 年两次与刘金辉书记座谈记录整理）

"晋察冀"割据于"白"，而彰"红"正在于阜平

——《晋察冀边区阜平县红色档案丛书》序言

　　"晋察冀"，在中国共产党领导的一部革命史中，分量很重。阜平，在我的想象里，当时的情形应是："晋察冀"割据于"白"，而彰"红"，聚焦正在于阜平。这由阜平承载的革命使命和它的地理要冲决定。早在1931年，中国工农红军第二十四军，就在阜平建立过中华苏维埃阜平县政府，华北大地上，第一面工农武装割据的旗帜在这里升腾。这件事，鲜为人知，但提"高蠡暴动"，河北的许多人，自然会联想到它的背景。全面抗日战事起，罗荣桓率八路军一一五师一部，于1937年9月，即进抵于此，旋即，以聂荣臻为司令员兼政委的晋察冀军区，亦进至阜平。长达八

年艰苦卓绝的抗日战争，阜平人民用鲜血和生命，换来了晋察冀边区唯一不被敌寇长期占据的"完整县"的誉称。我想，主要是这个"铜墙铁壁"的因素，在决定中国命运的关键时刻，阜平，为毛泽东和中共中央所选中。1948年4月12日，毛泽东、周恩来、任弼时等中共领导和中央机关，由陕北来到阜平。就是在这里，毛泽东深谋了"几大决战"，召开了中共中央书记处扩大会议，写了著名的《"五一"劳动节口号》等，明确提出了召开新的政治协商会议，讨论并实现召集人民代表大会，"打倒蒋介石，建立新中国"等。说"'新中国'在这里提出"，并不违背历史的真情。

档案工作，"记录历史，传承文明，服务社会，造福人民"。在中共阜平县委、阜平县人民政府领导下，县档案局成立专门队伍，十年来，坚持不懈，搜集、整理革命历史资料，丰富馆藏档案内容，在此基础上，终于完成了《晋察冀边区阜平县红色档案丛书》。作为一名档案工作者，我为之感到高兴，顺为序，并祝这套丛书，在弘扬阜平革命精神，展示老区红色文化中，发挥应有的大作用。

（2012年5月21日，写于河北省档案局）

看此书，更感西柏坡的伟大和坚实

——《红都西柏坡写真》序言

"新中国从这里走来"，"这里"指的是哪？西柏坡。每年数次去西柏坡，每每想起西柏坡，一种由衷的崇敬便从心底涌出。漂洋过海，当听到有的外国人也说这句话时，更感到西柏坡的伟大和坚实；这个当年的小小山村，竟然承载过如此重的一个泱泱大国的命运；事过境迁，半个多世纪过去了，连外国人也没有忘记，足见它的历史定位越来越重，越来越清晰。才华横溢的朋友康旭发同志，平山县人，对家乡，犹如对家乡的西柏坡，一腔自豪，一往情深，当他将一部《红都西柏坡写真》交我作序时，我便敏感到这书的分量肯定不轻。

作者范文杰先生，生于西柏坡那里，学于西柏坡那里，工作于西柏坡那里，及至退休，可说是大半生没有离开过西柏坡周围，他的这部写真，可说是典型的西柏坡人研究西柏坡的力作，自然有其独特的视野，独特的开掘，独特的体会、建树和权威。辟如《红都建房纪实》篇，连建筑工人来自哪里、用的是什么木料、土坯、石头、石灰等，又是怎样将一个一个小院建起来的，一一详细说来，读后确实令人耳目一新；西柏坡搬迁，众人皆知，但什么时间拆除？什么时间复原？新、旧址相比，究竟有哪些不同？不是亲历过的西柏坡人怎能说清？作者自1959年至今潜心跟踪调查40余载，专著了搬迁与建设篇，出自他笔下的文字，不能不说是填补了一个空白。《星罗棋布的中央机关》《中央组织部在南庄》《华北人民政府在东冶》《马列学院在李家口》等诸篇，把人们一下子拉到了50多年前，让人们看到了更多的关于西柏坡的历史真实。纵观全稿，立意深刻、取材新颖、考究有据、结论扎实，是一部难得的具有档案和史料价值的可读性颇强的佳作。如作者在《华北人民政府在东冶》中写，华北人民政府制定了许多条例法规，做了大量工作，但由于时间短暂，许多职能尚未能来得及充分发挥，甚至连牌子也没有挂，就因新中国的成立而撤销，从某种意义上可以说，从西柏坡走出了新中国，从华北人民政府里走出了个中央人民政府，对这样的分析，谁能说是书生之意气呢？窗外正下雪。盼望有更多的研究西柏坡与共和国联系的作品问世，也兆示着范文杰先生的创作来年更丰。

2006 年 12 月 31 日午于河北省档案局

（选自《档案天地》2012 年第 6 期）

对重大选题要有纵横交错的思维

关于从明年开始的几个大的编研选题，把我初步的想法列了列，也供大家参考，供大家讨论思索。有些东西是要在咱们杂志上发表，有些东西不是在杂志上发表，要下大力，用较长时间出有影响专著的。为什么叫较大的编研选题？同志们会说，这够大的了，我觉得这还不大，我心目当中还有比这更大的，只是我资料不足，精力有限，现在没有力量触及它，与北戴河有关，那是我心目当中的大题。1949—1952 年，中国：一个农业大省的土地改革运动；1953—1957 年，中国：一个农业大省的农业合作化运动；1958—1962 年，中国：一个农业大省的人民公社运动；1960—1963 年，中国：一个农业大省的全民救灾运动；1960—1962 年，中国：一个农业大省的撤县并县运动，我是把它看作是探索执政方式变革的一场严重的教训。江总书记在十六大以前多次提出，告诫全党要研究三个规律，哪三个规律？社会主义建设的规律、执政规律和党的建设规律。我觉得作为后辈共产党人，应当从这样的战略高度上去研究一些课题。我们档案人有这种职责、有这种资源、有这种条件，应当有这种抱负，做这个贡献。

第七个题，1976年中国唐山大地震。这几年，只要唐山题材的东西，谁写都写得好，要是咱写或和唐山联合写，那准比他们写得更好，将来这就是有影响的传世之作。只是痛处太深，这伤疤唐山人太不愿提起。可痛心也是历史的真实，与其这个人挖掘，那个人写，写那些胡编乱造的，就不如咱们档案人自己弄一部有影响的、有权威的东西出来。

第八，1952—1966年，中国：京畿大省的省会变迁之谜。11月19日，我给宏雁说，不能少于10万字，写个十个八个题目。当时我还解释了一下凝重感，历史的真实，加历史的影响，加历史的联系，加历史的分析，等于历史的凝重。我说一定要把河北省会的变迁与三个大背景联系起来，一是河北省会要与中华人民共和国的成立联系起来。中共要执政，要进城，河北省委也要从地下进城，从山沟搬来，上哪去？要把河北的省会与首都北京联系起来，因为我们是拱卫北京的京畿，全中国就这么一个省，河北的省会不能不和首都发生联系。要与河北省、与共和国建设发展、与河北省经济社会发展联系起来。从这三个大的背景来写，方能写出历史的凝重。当时我给宏雁说了几个题目的提纲，比如第一题，就可以这样写，"共和国成立在即，中共中央要进京，中共河北省人民政府也要进城，其办公地点设在哪里，也就是说哪个地方是执政的驻地，历史不可避免地摆上了中共中央和河北省委的重要议事日程"。这要找若干的人，引用若干的资料，加上若干的分析，那才行。这作为第一题，河北省会变迁就从这里说起，谁说不行，谁说人们不愿意看，谁说没有历史的凝重感？不写这些，干梆梆的，写2000字解开省会变迁之谜，谈何容易！

第九个选题，1948—1949年，西柏坡周边村里的中央机关。这些年，做西柏坡文章的多了，没一个令人信服的，千篇一律，咱们找个新的切入点。这写好了，五六千字一篇，将来在咱们杂志发表可以。这写好了挺有意思的，比如，中央办公厅在东柏坡，中央组织部在苏家庄，中央宣传部在霍家沟，中央大礼堂在南山角，中央发电厂在沕沕水。写这些，很丰满、很真实、很可读，开拓了一个视野，不走过去研究西柏坡的老路。为什么选那个村，当年那个村是怎么样的，中央机关是怎么样的一个机关，中央机关在那里有什么活动，等等。这就出来历史的韵味了。写好了也是一本相当不错的书，社会人愿意看，包括现在的年轻人也愿意了解当年在西柏坡是怎么回事啊。

第十个，1921—1949 年，中共档案的形成与发展。这是费云东老先生提供的资料里的，将来给他改编改编。这里面包括中央文库的历险记等等，讲咱们中共档案形成的艰险和发展。这些，弄好了可以在咱们杂志上用。

总之，今天一上午，咱们扯了远，也谈了近，谈了有大的有小的，有虚的也有实的，以这个会议为标志，要逐步拉开 2007 年包括杂志改革在内的、整体的档案的开发利用问题的序幕。先给同志们透个风，打个招呼，大家先做思想上的准备，推进还是一步步地来。比如说，下次开会可能还是这个范围，大家都要说说了，历史的名词肯定还有更好的，这些也不一定都行，大家都开动脑筋，通过一两次讨论定下来，然后分分任务。下一步出书，都从破解历史名词上起步。一年下来，要是处长、副高以上的连两个名词都解不开，还想出有影响的书，出传世之作，不大可能。咱们就从这起步，练笔。要有纵横交错的思维，别看一个名词，可以上上到什么年代，下下到哪个年代，横横到哪个边去，历史的联系非常密切、非常宽广。

（选自与工作人员谈话记录稿，2006 年 12 月 30 日）

从"一碗米运动",说凝重的历史意识

　　《中国档案报》的副刊,叫《档案大观》。说是《档案大观》,其实有许多内容与档案并无紧密的联系。读者为什么爱看?因为它以"大观"为名,钩出了历史上的各种各样的真实故事。档案,按《档案法》诠释,其要义就是四个字"历史记录",多说,"有价值的历史记录";再多说,其概念就成了90多个字。无论怎么说,档案离不了"记录历史"这四个字。所以,档案人说档案,首先应当有一种凝重的历史意识。"凝",聚者、精者之意;"重",沉沉无飘之感。《档案天地》改版改革后,读者拿到手上,就应当让人感到沉甸甸的,不仅有实货,还有精品。

　　其实,"一档一议",是从"一事一议"借过来的。一档,指的是一卷、一个全宗,或是一个事件的完整过程。

不管是什么，这个"档"要选精、选准，选对当今经济社会发展有借鉴意义的东西，选社会公众愿看的东西。这涉及档案解密与档案人解放思想的关系问题。说了这么多回了，没说的地方还多呢，我们就拣没说过的一个话题来破题吧。

二十几年前，改革开放初期，人们真是有点冲破禁区、百家争鸣的劲儿，"前事不忘，后事之师。"不愿意让"前事老师"的面貌出现，人为地蒙上一层面纱，随着时间的推移，给它蒙上一层又一层，历史谜案，大概就是这么形成的。我们有大量的档案可利用。比如，新中国成立初期河北的"一碗米运动"就可以。

我当过那么多年农民，太知道河北的农民负担是重的，放在全中国，当说是最重的省份之一。在河北，农民负担最重的是衡水地区，其次是生我养我的沧州地区。以后，我走到省委副秘书长这个岗位，主要协助省领导协调处理"三农"上的一些事，才知道，在 20 世纪 90 年代末，据统计上来的数字，河北的农民，连税带费，最高的年份，每人平均 127 元，最多的衡水地区，达到一百四五十元。那时候我不做档案工作，没法从新中国成立以来的源头上查这个问题，但心里总想弄清楚。前些日子，我到衡水市武邑县，看《大事记》，就冲着"农民负担"这个问题而去。

一翻开 1949 年，真有记载，对农民拿多少粮食记载得很清楚。我算了一下，当时那里，1 亩地产粮食，大概就是 80—100 斤，按河北当时的人均 2 亩地计算，一人一年的收成是 160—200 斤。而这个时候，武邑县的农民交公粮，每人大体上是 90 斤，这是正税。正税以外，还要拿出一些粮食，供应当地政府。算下来，一个人大体平均 120 斤。按档案推算，一人总共收成 160—200 斤，缴税费 120，农民自己只剩下四五十斤粮食。就是在这种情况下，河北的许多县，发生了"一碗米运动"。这种背景，不仅河北，全国到处都是粮食不够吃，军队不够，政府工作人员不够，农民更不够了。开展"一碗米运动"，就是动员每个农民，从家再拿出一碗米来，贡献国家。要是现在，一碗米算什么？真是微不足道。但在当时，虽然新中国已成立，但千疮百孔，万事待兴，生产力低下，必然带来了粮食产量极低。"民以食为天。"农民缴正税已够多了，如再从家里拿出一碗米来，要下多大决心！"一碗米"呀"一碗米"，细想想，真是事关国家建设，又事关农民生存，太沉重了。太沉重了为什么还搞，历史的回答只能是：不得已而为之。对这"一碗米运动"，只要认真读了档案，真正破解了题，里面会有好多曲折的故事。比如有的拿了，有的可能不拿，不拿，有时就上纲上线，故事就多了。馆里好多档案，很多可能鲜为人知。拣众所周知的说，河北1963年的发大洪水，那有什么秘密可保的？大自然给的灾祸，导致许多人没有吃的死了。困难时期，那真是困难。原来我以为，那几年灾害属河北最重，走了80来个县，看每个县大事记，从承德到邯郸，每个县几乎都有翔实的记录。可今年到广西去了一下，意外之喜，一下子改变了我的看法。意外之喜是什么呢？对我几十年的认识提高了一步。单说自然灾害，该怎么看？自然灾害就是自然形成的，应看作是大自然的规律。再说深一点，有些灾害太重了反了常规，也叫反自然了。到广西时，去了中越边境的凭祥市。中午饭时，主管副市长听说我当过农办主任，无意中说了一句，1962年的时候，那里的气温达到过零下2度，树都冻死过，档案里有记载。我一听，大吃一惊。下午到市馆里，来不及调档案，问了管档案的同志，说档案确实有记载。想一想，凭祥那里，达到零下2度，是什么概念？要结冰的，什么果树、草，不都得冻死？广西是那样，越南那么近，情况也差不多。可见，20世纪60年代初那场灾害，绝不光是河北，殃及全国，甚至殃及亚洲大部分地区。在新中国成立初期，遇到这么大的灾害，河北人民、中国人民，在共产党领导下，硬是渡过来了，这不能不说是奇迹。还是那句话，"读万卷书，行万里路"，路就在脚下。

（选自与工作人员谈话记录稿，2006 年 10 月 1 日）

"一唱雄鸡天下白"。天亮了，人们也有认不明方向，甚至迷了路的时候。从 1952 年起，到 1968 年止，河北一直被省会问题困扰着，并背着省会的这个沉重包袱跑来跑去。探索失误也？激情冲动也？还是别的？谈经验也罢，说教训也罢，借鉴是多重的、深刻的。今揭其始末，试图得教益，没有别的，只一企盼：在中国，何时出现一个新称谓："京津石"！

一定要弄清河北省会变迁之谜

看来，河北省省会搬迁的根源，还要由咱们自己写，然后，根据阶段找人，一人说一段。线索你们基本摸清了，有骨头了，也有一部分肉了，但没有魂。怎样才能找出魂？一说到河北省经济发展慢了，过去人们就有两种说法，一是说，老是搬省会，"搬家三年穷"；二是说，河北省的县太小太多，应该并县。让我来说，经济发展的快与慢，不在于迁省会，也不在于县的大与小，关键是发展的思路。按照宏雁同志查的线索，省会的搬迁里面，有经验，有教训，该来时不来，不该来的时候万般无奈的来了。1949年说过，1951年也说过，那为什么没来成石家庄？一定要弄清楚，一定要把这魂找到。其实，历史地想一想，从新中国成立定都，就应涉及河北省的省会问题。河北省省会，就应源起于新中国成立或华北人民政府成立。那时候为什么要定石家庄呢？肯定有战略考虑。为什么有了战略考虑，没执行呢？这就是谜。要找老人们谈，应当谈这些问题，让他们说魂，即让他们谈当时在位上是怎么想的。也找别的老同志谈谈，一茬接一茬的说，在保定总督府那，为啥待不下去了，要去天津？为啥在天津住不下去了，又到了保定？后来又搬迁石家庄。说这些真事，才对现在的决策者，现在的群众们，有教育意义；才能释疑解惑，从而人们才愿意看这些东西。要是光说哪一年搬迁的，老百姓关心那个干什么？要充分估计到，写清这些问题，绝不是简单的事，应有很多背景，要一并写进去，这样，就浑厚了，就更有历史凝重感了。如有必要，还应写清热、察的撤并，与省会搬迁的关系。还有个背景也应考虑，就是省会从保定搬天津前后，河北的一些县，陆陆续续地划归北京、天津，河北与北京、天津，在新中国成立初期是什么关系。搬迁的主观原因、客观原因，都通过咱们的笔，力求把它写得客观、真实。如站在更高层次上，河北省省会的迁入迁出，事实上，是新中国成立一直到1966年，河北共产党人在执政上的大事、要事。要形成完整的脉络，有骨头、有肉、有灵魂。"源"写得越透、越真实，越能展开。总之，河北省会变迁的问题，新中国成立以来，一直是困扰河北人民的一件事情，每当说起河北这些年走过的路，说起河北经济社会发展的时候，尤其找经济发展慢的原因的时候，有几种观点时常出现在桌面，出现在人们的交谈中，一种是，省会是被天津挤出来的，事实是这样吗？一种是，省会是从保定被打到石家庄的，实际是这样吗？要回答好这个变迁之谜，恐怕要找出大量的档案做依据。只有这样，才能提供一个真实的、完整的、系统的答案。

（选自与工作人员谈话记录稿，2006 年 10 月 14 日、10 月 30 日）

对省会变迁，要写出历史的凝重感

河北省会变迁，是一个重大课题。这不仅因为省会是一个省的政治文化中心，是省政府所在地，是省委代表中共执政的地方，而且更在于，我们党执政后，对任何一个省的省会的选择，都不会是那么轻而易举，都应是慎重考虑做出的决策。特别是河北。我初步想，这个题目至少要写 10 万字左右，没有这个字数，恐怕交待不清楚。站位要高，思路要宽，做到放长线，钓大鱼。风格上，要透出深厚的历史凝重感。

什么是历史的凝重呢？我反复想过，不是一两句话能说清的。可否这样说，历史的真实＋历史的影响＋历史的联系＋历史的分析，得出历史的结论，大概就可以说是历史的凝重了。

对省会变迁，要写出历史的凝重感，必须与三个大的背景一同考虑，有机地融合。所谓三个大的背景，也就是与省会的三个密切的联系。一是，河北省省会与共和国成立的联系；二是，河北省省会与首都北京的联系；三是，河北省省会与共和国的建设发展、与河北建设发展的联系。至少应考虑这三大背景、三大联系，否则，单说省会难以说清，也是没有意义的。

先说省会与共和国成立的联系。经过 28 年的革命斗争，到 1949 年，中共中央要进城，要在全国执政了，河北省委、省政府，也要进城，找办公地点，在地方执政了。办公地点设在哪里？可想而知，富有战略眼光的我党，对此在新中国成立前应当有考虑。能否用历史的真实记录，再现那段历史，再现当时领导人的考虑，这是最难的。

再说，省会与首都北京的联系。新中国成立前，河北也有省会，但那时民国政府所在地为南京。再往前说，河北原称直隶，原本是个"京畿大省"，那时的"京畿大省"的"京"不像现在。中共中央、中央人民政府要把北平改北京，在北京定都，河北省会设在哪里？都与北京有直接的联系，但这个联系，既不同于明清，也不同于民国，虽然还是"京畿大省"，因要建立的是新中国，对河北省会的问题，中央不会没有进一步的考虑。

省会与共和国建设发展的联系。省会来来回回几次搬迁，搬迁的动因，是首先来自河北本身，也是来自中央、国务院"全国一盘棋"的考虑？这在文件上，在历史记录上，应当留下根据。无论怎么说，搬迁是与整个国家、整个河北经济建设、区域发展布局、战备、人口增长等因素连在一起。以大量的文件、翔实的记录，讲清联系才有意义。

省会在保定时，机构设置怎样？省委有多少人？迁到天津时，发展到多少人、多少机构、花了多少财力？再从天津搬回保定、又到石家庄，是一个什么样的情形？要体现出搬家的负担、重量。事业发展了，日子过大了，负担就重了。只有讲出沉重来，才能看出历史的凝重。如果我们再考虑深一些，当时的国际形势，也是大的、间接的联系。当时的天津怎么样？也是大的、间接的国内联系。没有一件事是孤立的，况且将一个天津，又变成河北的省会，这种大事，必经中央同意方可。想想这些，至少需10万字以上的内容。光干梆梆地讲河北历史，没意思。还要写出可读性。如写成章回小说式的，可读性就强了。总之，河北省会变迁，当事人知道，对大多数人来说是谜。我们破这个题，就是要解这个谜。

破解这个谜，有多层重大意义。说句大言不惭的话，就是要通过总结经验教训，来力求回答江泽民同志提出的"三大规律"，特别是执政的规律、建设的规律。看看哪次搬迁是正确的，哪次搬迁是错误的；哪次是主动的，哪次是被动的，再回答出为什么，就事关到"三个规律"。要详细交待原文，再穿插一批老同志的回忆，使之浑然一体。理来理去，从众说纷纭中理出头绪，得出结论。

这样写出来，每篇都不会短。各篇的题目，要力求开门见山、一言中的，还要浑厚可读，有感染力，力求让读者一看题目，就不忍放下，要一篇一篇读下去。第一篇，是否可这样（可能长了一点）："新中国成立在即，中共中央要进城，中共河北省委也要进城，其办公地点设在哪里，立都、建省会，都历史地提上了议事日程，不可避免地摆在中央和河北省委的面前。"不如此，觉得不丰满，不能还原历史的真实。第二篇，讲石家庄：石家庄解放较早，中共还没进城，没执政时，就将许多机关设在这里，特别是西柏坡，与中共更有着天然密切的联系，新中国从这里走来，冥冥之中，石家庄将面临什么命运？历史的选择，由历史的基础作依据。再一篇，讲保定市：几百年来，从明到清、到民国，"天子"脚下，这里是"直隶"的政权所在地，中共改天换地，保定，它能不接纳中共的河北省委？即是说，这里虽旧，但具有接纳中共河北省委的基础。基础，是由多种状况和数据构成的，要力求讲得眉目清秀，真实有据。再下篇，该说天津了：天津，本是一座依海而起的新城，到曾国藩任直隶总督时，总办公，一半在保定，一半在天津，天津地位日益重要，"天津教案"毁了曾国藩，可李鸿章处理起来却得心应手。从此，天津怎么样了？到新中国成立，天津是个什么模样？与河北又是什么关系？为什么河北省委一再打天津的主意，中央居然批准了？在天津待了大约八年，河北卷铺盖又离开天津。天津愿让河北走吗？河北走后，又给天津留下了什么？搬家不可能什么都不留啊。说天津捡便宜，这话太轻松。河北省委回不了保定，只好回到附近农村，那时保定"文革"，各部门困难重重，唯一选择，石家庄安身立命。历史的真实，是不是这样？讲经验教训，就要板起脸来了，还要生动好听。总之，河北省会变迁的问题，是新中国成立以来，一直是困扰河北人民的一件事情，一定要尽量弄清楚，还一个历史的本来面目。

（选自与工作人员谈话记录稿，11 月 20 日）

过程的意义胜过结局

——写在《1958—1968 年河北省会变迁始末》
付梓之际

每个省都有省会。"省会"是什么？辞书并无解释，将其称为"省政权机关所在地"，大概比较合适。万物皆变，变皆有因。省会变迁并非河北省的"专利"，然像河北这样，在新中国成立初提出迁省会，继而忽建忽徙，大费周折，三易其地，明是损伤累累，却还意犹未尽，直至被周恩来总理所制止，是举国罕见的。个中原因是何、对今有何鉴益？现在一些文件、讲话和省情介绍，不仅河北，而且省外也有地方，习惯上把河北称为"京畿"。一个"畿"，蕴含了历史和现实的多少令人遐想而又难以说清的事。相信《1958—1968 年河北省会变迁始末》的问世，对于揭开河北省会的变迁之"谜",提供了一个导读,也提出了一个恐怕难免的争议话题。借付梓,对书的脉络重点和公众比较关心的问题再梳理,顺谈谈对这段"是是非非"的认识,以期评鉴,亦充为序。

一、研析河北省会迁移的整个过程,总要与保定缠来缠去,欲说"迷途",堪称"困局"

今公众当然也包括笔者,之所以对河北省会变迁有种"谜"的感觉,主要涉及两个问题,一是动机,即为什么?二是结局,即又是为什么?坦白地讲,书稿虽成,但要清晰回答还是困难的。首先,从新中国诞生的大背景上看,1949年3月毛泽东主席率中央机关离开了西柏坡,道理上,河北省的政权组织,也有个进城问题。而河北对其省会的选择,不能与这之际的"进城"联在一起。因为中共河北省委、河北省人民政府,先于中央人民政府成立(1949年8月),并定居在了昔日的"直隶总督府"所在地、当时的华北大城市保定,当年即将就任省主要领导职务的林铁同志,就是在这里见到了毛泽东并送中央机关北去,河北要进城进哪里?因此,溯动因,细搜文件多种,从时间上,当从1952年说起;从内容上,用"喜新厌旧"加以形容也并无不恭之意:找新地方、建新省会、图新发展。这个新,最初就是石家庄市。

综合 1952 年至 1954 年省向中央的三次报告（冀档 855-1-201-1；冀档 855-1-201-2；冀档 855-2-558-21），"喜新"的理由主要是：石家庄，"在河北全省的城市中，地处京汉、正太、石德诸铁路干线的交点上，工业比较发达且有发展工业的各种优越条件，将是全国重点工业城市之一，也是军事要地，石家庄市势将成为全省的经济、文化中心。根据中央关于城市建设的方针及河北省工业发展趋势看，河北的重心将在南部，省会迁移到石家庄市对省级党、政、民各部门加强工业建设的领导将提供便利的条件"。至于"厌旧"，"旧"有哪些不好？报告均是简单的一句："省会在保定不能适应今后大规模的经济建设"（1952年 9 月 19 日）；"保定由于先天不足，在相当长时期内轻、重工业皆难以发展"（1952 年 10 月 24 日）；"保定市扩大建设工业的条件是欠缺的，虽经几年来的恢复与发展，但在较长的时期内很少可能建成工业城市，实难适应新的领导任务"（1954 年 1 月 27 日）。省会离保定，保定做何用？当年也有一句话"省会迁移后，保定市可作为我省一个以文化建设为中心的城市"。时过境迁，"实话实说"，这些"喜新"与"厌旧"等理由是牵强的。论交通条件上，一个"交点上"，并不能说明石家庄比保定有多大优势；说工商各业基础，已是省城多年的保定，总不会亚于石家庄市；至于当时展望的河北发展重心将在南部等，上级怎么看，我们无从知。可能是这理由不充分，中央对河北的报告迟迟未批。后（1954年4月27日），中央虽然同意了河北意见，但同意是"有条件"的："经费由河北省在地方财政项下自行筹措解决"（冀档989-1-205）。

这样，河北在1954年当年和1955年，连续向石家庄投资1900亿元（旧币，下同，折新约1∶10000），开始了建设新省会（1954年800亿，1955年1100亿）。1954年时，河北省人口为3442.54万人，财政收入66334亿元，职工干部人均年工资491万元，农民人均年收入64.7万元，当年财政收入上解32786亿元后，省可用预算资金为37597亿元，赤字4049亿元，占预算资金的10.8%。背着赤字搞"自筹"，看当时可用的条件，一是1954年6月，省委向华北局请示，"征收一部分农业税附加"，二是省会迁移筹备委员会通知，"所有各企业、事业部门的建筑用费完全由各企业事业部门自行筹措"。没有记载河北的"自筹"如何落实，1955年8月，省向中央呈报了关于《停止省会迁往石家庄的报告》（冀档855-3-833），报告说：要全部完成省会迁石工程共需投资4300亿元，其中省级机关91个单位迁石工程需3700亿元。"经我们多次研究，认为省会迁移确非当务之急……现在工程已经停止，并已确定专门组织负责进行善后处理……尽量避免在善后工作中造成新的浪费"。停迁文件还说出了争迁时未提过的房子问题："保定房荒虽不像过去严重，……保定即基本上不再盖房"。

评看停迁报告的"确非当务之急"，还有，终于说出了"房荒"等语，讲的是实情、实话，似可产生这样印象：知难而退，认识到位，颇有从实际出发的意味。是的，当时，百废待兴，省还很穷，巨额投资换来了一大堆"半拉子"工程，河北应有这个认识。但接下来的事实只能说，河北迁省会的热情非但未减，而是由"建新"转为"找大"，在"见异思迁"的路上迈出了更大步子。于是，1956年起，又开始了连续三个年头的反复向中央请示："将天津与河北省合并为一个建制，以天津市为河北省省会"；"或者不合并建制"，也要让"河北将省会迁到天津去"（冀档855-3-981）。想来，毕竟是"畿"，中央对河北又高看一眼，1958年2月，经第一次全国人民代表大会第五次会议决议，天津市由中央直辖改为由河北省领导，以此为标志，河北的省会算是进了天津市。

天津，与河北源远流长，1928年直隶改称河北省时，民国河北省政府还成立于此。但也就从那时起，天津、河北，从隶属上走向了渐行渐远的彼此。到1958年时，昔日的"下级"，早已变成了"兄弟"。天津市归河北来领导，搅动了华北的大格局。看省向华北局并中央明确提出："确定将省会迁到保定市"，时间是 1966 年 1 月 25 日（津档 X3-21-15210），看中共天津市委、天津市人民委员会联合文件《市委、市人委关于省会搬迁的通知》（津档 X53-2-2174），实际搬出时间，应以 1966 年 4 月 9 日为标志。当时的情景是：由于省会已离开保定多年，当年的省机关用房，大多归了保定市机关所用或改作他用，各方面对再度充当省会实难胜任。按"大分散、小集中"搬迁原则，进入保定市的，仅有省委、省人委及其几个部委办和省军区。省委、省人委分别临时挂牌于北市区合作路和青年路，而众多的省直机关，却没有这等幸运，一溜长蛇般地在保定至天津一线上运行后，只好落脚在保定周围各县里。如省卫生厅，驻涿县；省粮食厅，驻望都县；省教育厅，驻定兴县；省林业局，驻易县。有的单位规模大、人员多，又分散到几个县里。这种"畿之省会"的局面，至少持续了两年余。

河北省会来到石家庄市，当与"河北省革命委员会"的建立连在一起。众所周知，那是极为混乱的"文革"时期，由乱到"治"，各级都要建立"革委会"。河北的"省革委"如何建、建在哪里？根据北京军区关于建立河北省革命委员会的请示报告（1968 年 1 月 28 日），建议河北省省会由保定迁至石家庄，但目前原河北省直机关均暂住原地不动等精神，仅5天，即1968年2月3日，河北省革命委员会在石家庄成立。"省革委"占用的是石家庄地区革委会的办公楼，后又在当时的六中校园，即现在的维明街，匆忙盖起了朝东开门的"省革委"，没想到，这门口一用就是40多年，直到2008年，乘"三年大变样"的东风，省委、省政府才打开了朝南而开的大门，现省人民政府的牌子仍挂于东门。

新中国成立后，河北省会的来历就是如此。然，回顾起来，真像一个大大的"之"字，又如扳倒了一个"苦辣酸甜"的瓶子。怎么说呢？当年河北选省会，其决心，不谓不大，其历程，不谓不曲，其结局，"建新"没搞成，表层上是财力所迫的；"找大"分手了，公开说是因为"战备"；突然到了石家庄，岂不纯属时局之原因（停建后再也没议过续建，北京军区的建议也未提当年曾建这码事）。令人费解的是，到1972年，即石家庄为河北省会的第四年，河北却"怀起旧"来，"批陈整风"中，又向中央提出了省会再回保定（冀档919-2-297）。说困惑与复杂，主要在这里：河北究竟怎么了？一次次事与愿违的结局，好像本来就该这样似的。若不是周恩来总理"一锤定音"："省会不要再搬！"真难说，现在的石家庄市，是不是河北的省会。

上达天听，关于毛泽东主席针对河北省会问题所说的那段话，大部写进了本书里，读者自品，当谓其味无穷矣！

二、河北省会在天津，总的来看不是双赢，而是"兄弟争纷"的不断升级，这也是8年后分手的根本原因

河北省会在天津，计有8年多。看其间省市工作的格局里，按时间排，有三大事情可说与国家局势密切相关或影响了国家的局势。一是，发现和培养了包括"徐水经验"在内的不少典型，在全国率先开展了人民公社化运动和"大跃进"；二是，在大搞撤并专区和县的同时应对饥饿难言的三年特大自然灾害；三是，承担组织了"桃园经验""小站经验"等试点，在全国带头开展了社会主义教育（"四清"）。其他的若干若干工作，基本都带有鲜明的"省是省，市是市"的特征，说起来，真谓一个"剪不断，理还乱"。出版于1996年的《天津通志·政权卷》，对这8年的时光，只记载了寥寥几句，显然也是不愿多提及。河北编书说省会，无法回避"兄弟分手"，试从三个方面做些梳理：

1. 从经济上看，既定利益格局引发的争纷，既拖累了省，又拖累了市，使互补共赢始终停留在希冀。河北争天津之所以不遗余力，照文件讲，主要是看中了天津市的工业基础、技术、地理等优势。"河北省农村实现农业合作

化以后对农业生产资料的要求急剧增长。全省地方国营工业基础薄弱，需要一个有技术基础的工业基地，天津市在这方面能满足河北"等（冀档855-3-981）。时，天津市辖8区12县，总人口548万余，其所发的文件，重点讲的也是对河北的物质资源、市场有需。"天津市的工业有80%的原料，需要农村供应，河北省是我国最重要的产粮区和经济作物地区之一，除生产大量粮食以外，还生产棉花、麻、花生、芝麻、大豆、烟叶等经济作物，地下资源也很丰富……"（津档X3-21-16535）对冀津的这些表述，今称"优势互补"，或称"城乡互补"都可以。可事实上，这种意图，从一开始就大打了折扣。以粮食调配为例。1959—1962年间，全国三年特大自然灾害，吃饭成为绕不过去的天大难题。河北长期靠"南粮北调"过日子，遇灾实行"瓜菜代"，能拿出什么粮食补市？档案里，大量记载了时省长刘子厚同志数次找李先念副总理等国家领导人，请求给天津从外地调粮食的事。其他如煤炭、水泥等的物资调配、生产计划安排、国家资金投向，无一不是争来争去。时作为计划经济年代"二政府"的计委，市可直接对口中央，但请示问题、办事情，又不能越过省，省、市两个计委，围绕物资调拨等存在的严重分歧，都一条一条地保存在档案里。冀档940-5-64，是天津市计委《关于行政区域变更后，有关我市物资分配基数的补充报告》，补充的都是困难，需要的都是提高分配基数。省计委何言？没有下文。今或有读者问，如没有这种自然灾害，冀津会不会发生这样的问题？不敢妄断，只能说，当年的这"争"，省争的是"满足"，市争的是"供给"，并不具有今天"竞争"求发展之含义，建制合一改变不了"分灶吃饭"，由此引发的利益争纷，是难以协调的。"天津市的待遇如财政、工业投资、大学生分配等，仍应按照直辖市的规定不变"（津档X83-1-273），这正是多年来已形成既定利益格局难以打破的铁据。试想，若不如此，河北"供"天津，更将是包不起，天津靠河北，也更是靠不住。"没有永远的朋友，只有永远的利益"，信矣。

2. 从政治上看，冀津为维护各级干部的团结做了极大努力，但"一股绳"的局面始终未能有效建立。河北硬将天津从直辖市的位置上拉下做省会，首先，原本平级的省、市两个领导班子怎样摆？最初的情况是这样的：原河北省委书记林铁同志，任了合并后的河北省委书记处第一书记，黄火青（天津）、马国瑞同志（河北）、刘子厚同志（外调）、解学恭同志（中央派来）、吴砚农同志（天津）、阎达开同志（河北）、张承先同志（河北）、万晓塘同志（天津）任书记处书记。在"九大书记"之后，是省委常委23人。

省人委的组成是：刘子厚同志兼任了河北省省长，阎达开、李耕涛、高树勋（河北）、胡开明同志、阮泊生、张明河、杨亦周（天津）、马力任副省长。天津市委、市人委不能因冠以河北而取消，万晓塘同志，兼任了天津市委书记处第一书记，李耕涛、谷云亭同志、王亢之、张淮三同志（天津）任天津市委书记处书记，在"五大书记"后是常委14人。天津市人委的组成是：天津市市长，由李耕涛同志兼任，宋景毅（天津）、周叔弢（天津）、李权超（天津）、郭春原（天津）、张国藩（天津）、娄凝先（天津）任副市长。今将领导机构及长长的名单一一列出，并非仅为满足今有读者想了解当时的领导人们是谁，主要是想做三点揭示：一是，建制或称机构的合一，最棘手的是领导层的进退留转或称搭配，无论怎样组合，其"磨合"之痛是不可避免的，这痛，是津冀的共同之痛；二是，组成如此庞大、臃肿、交叉任职的机构，实是无奈之举，今想来，恐怕连领导成员们如何分工也是个问题；三是，日后工作运行上的种种不协调、不愉快，及至"兄弟分手"，根源性的责任，确应由河北方面来负。尽管，在这一期间，省出台了《关于进一步密切省市关系、加强团结、做好工作》《河北省委关于改进对天津市的领导的意见（草稿）》等一系列的文件，还将天津、沧县两个专区先合并又一同划归入了天津市，以促进天津规模的扩大与省市队伍的有效合一，市也就如何正确认识天津地位，服从省委的举措，出台文件多种，但看得出，冀津对如何克服"两层皮"，始终并无有效措施，以致省、市领导们，均从不同的角度大伤脑筋，先后数次召开省、市负责干部会议，大讲"密切省市关系，加强团结"。刘子厚同志还不止一次地专门召集省直干部开会，强调"十分注意团结。省里要负主要责任。从省委一直到各部委、厅、局，因为我们是领导方面"。如此情势下，市是什么态度呢？形成于1961年11月15日的《天津市市级各部门领导干部鸣放意见》最后是这样说的："除以上意见外，还有些同志提出，天津市是全国性的城市，归省领导问题很多，为了彻底解决问题，最好省、市分开"（冀档855-6-2211）。从1961年市的"还有些同志"提出"分开"，到1966年4月整个省直机关虽迁出，河北省仍领导天津市至1967年1月，再联想当时省长口中的"我们"，想必读者的心情都是沉沉的。

3. 关于天津与河北分手的原因，拨开纷纭，从本质上透视，上已触及。不错，兄弟分手在"文革"前夜，但当说，与"文革"这一背景看不出有啥联系。当时也确有一个"战备"的问题，依笔者度，这也不是根本。道理在于：其一，当年河北向中央《建议中央将天津市与河北省合并为一个建制，并以天津市为河北省省会》报告已讲得清楚：

"将省会设在天津市，一旦有战事发生，在对首都的保卫上是有很多便利条件的，作为首都屏障，正如列宁格勒之对莫斯科一样，一旦有紧急情况发生，在动员全省人民防守天津，保卫首都方面都有重要意义"（冀档855–3–981），岂有刚遇"战备"，这个"列宁格勒"的屏障作用就不再提？其二，天津、保定均是首都的"南大门"，无论怎样"备战"，首都是首都，保定是保定，天津还是天津，地理的格局是不会改变的，河北将省会搬出，帝国主义就不向天津进攻？纵观当时全国，各省市均在备战，为什么独有河北要将省会搬出去？其三，不争的事实和趋势是："强扭的瓜不甜"，津冀合并后，河北无条件、无能力领导、支援好津市，市也拉不动省，既没有合出"力"，也没合出"利"，反倒是分歧、矛盾越积越多，日益加剧，"兄弟失和"到一定程度，分手是必然的。周恩来总理在华北局第五次会议上，在提天津时，也提到了河北，"要动员干部下去，现在河北省委一搬家，就主动了。"据此想来，借"备战"疏散走之，终是河北认清了形势，主动讲政治，顾大局，中央权衡利弊，同意并表扬河北将省会搬了出去。

三、河北把什么留在了天津

基于上述分析，可以说通，为什么是"省会先迁，省、津再分"，而迁得如此匆急，好像原子弹就在头上悬着似的。"三十六计走为上"，怎一个走字了得？保定毫无接纳准备，与津，还有一个继续领导下去的大问题。所以，迁出，如同当年迁入没有欢迎一样，没有欢送，也没有仪式，只有说走就走，只能将若干的机关"草落"在周边各县拱卫着原省会。双方等到1967年1月2日天津复为中央直辖市的文件下达，才正式开始了"分家"。其时，已是"轰轰烈烈"的"文化大革命"，"善后"如何善？直到颇多事情不了了之为止。今多遇感兴趣的公众问，河北把什么留在了天津？粗粗梳梳，以下几个方面，大致还是可以说清的：

一是，干部方面。省市分开时，在干部去向上，基本原则是，在省直的跟省走，在市直的留市里。由于河北撤出急，加之不久"文革"大混乱，具体的干部人事去向档案，现冀、津国家档案馆和有关部门均无完整保留。至于省、市主要领导同志，档案是这样记的：1966年9月8日，华北局向中央提议，河北省委第一书记刘子厚同志回省主持全面工作，留阎达开等同志在天津，帮助市委认真接受群众批评；1966年9月18日，天津市委第一书记万晓塘同志参加"揭发市委"大会后，翌日逝世；1967年1月2日，天津复为中央直辖市，阎达开同志任了天津市委第二书记。

二是，固定资产方面。省会迁津当年，河北省从预算中划出 720 万元（新币，下同）建房款，列入市总预算的"其他支出"，同年又安排 1.66 亿基本建设投资用于市，占当年全省基本建设投资总额的 35.76%。1959 年财政部追加河北省迁津行政基建投资 400 万元，也多投向了市。投资 580 万元于 1960 年建成的面积为 22000 平方米的长途电信中心大楼，投资 600 多万元于 1961 年建成的面积为 30000 平方米的河北宾馆，投资 720 万元建成的省直机关在尖山的金星里、红霞里和气象里的 51 幢宿舍等诸如此类的固定资产，留在了天津。

三是，教育资源方面。如在那期间，先后扩建和建立的天津师范学院、天津艺术师范学院、河北财经学院、天津医学院、天津音乐学院（包括附中）、天津体育学院（包括附中）及河北外国语专科学校，共 7 所院校，因多种原因不能迁，也不能分，都划归了市；凡建在市的中、小学校，一律划归了市；河北工学院（现河北工业大学），虽然划归了河北，但校址至今在津市。

四是，水利建设方面。河北缺水，天津更甚。为解天津用水之难，当时采取过一系列工程措施。如修建于 50 年代的石津运河（后改称石津灌渠），最初是为了开通石家庄至天津的河运水道，由于滹沱河水日减少，就变成了为市调运岗南水库水源的专用渠。看 1963 年石津灌渠管理局制定的春灌配水计划，时岗南、黄壁庄两水库可用水量为7.45亿立方米，列供津计划为1.5亿立方米，省水利厅批复中强调"到期石津渠即不准引水，一定要保证按计划向天津市输水"。现在，石津灌渠还在，河北省水利厅，仍保留着石津灌渠管理处这个机构，这渠、这机构，仍在年复一年地见证着当年津冀的那段"鱼水情谊"。原属河北省水利厅、后属河北省根治海河指挥部的天津仓库及河北省水利厅勘测设计院，到现在也未迁出，只是在1983年将两单位职工户口落在了天津市。河北省基本建设局，是1984年才迁至石家庄市的。至于省会在天津这多年，给市的经济社会发展带来或留下了什么影响？肯定是有的，这虽不是本书要回答的问题，但在此亦须郑重提及。

四、反思河北在省会问题上的选择，不得不说的几个话题

话题一："起跑线"上的跑偏，代价巨大，影响深远。一般公认，新中国成立后，国民经济恢复的良好势头从1952年起。"新中国从这里走来"，照理，河北不仅对"两个务必"，而且对"必须用极大的努力去管理城市和建设城市"，当有率先认识。然看河北，从1952年开始正式提出了迁省会，及至一行动，就可说跑偏了"轨"。身在省会找

省会，全面折射了不仅对保定而且对全省经济建设，特别是工业和城市建设不自信；巨资建新石家庄，主要为了解决房荒（前述需3700亿，占总投资4300亿的86%）而并不是着眼如何"变成生产的城市"；硬挤天津，今天看似不可能，当年偏偏干成了，可这"现成饭"是那么昂贵，直吃得由"在城"变成了"围城"，以致本是省会的保定变成了省机关想来就来想走就走之地，直落了个"后天亦不足矣"；无奈到了石家庄，却又再提回保定，更是难用"喜新"或"厌旧"来形容的，直接受影响的，还有廊坊市等，下面将提及。今说代价巨大，造成了财力上的极大浪费和精力上的巨大耗费当无任何疑义。巨资"建新"，半途而废，进出天津，元气大伤；离保回保又离保，所耗之资是难用数值计算的，如非再列组数据，编书所统的"建新"投资1900亿，实不止，有账可查的，向华北局借款200亿未在其内。省投入津市的建房（办公用房、干部宿舍）的资金，也不简单上述几笔；还有众多省机关在保定周围各县办公，搞过多少临建等，现已无必要再查据。为迁石，河北先后向华北局与中央报告了三次，为进津又出津，先后向华北局与中央报告了四次。三次搬迁大行动，动辄干部数千人，加上家属、孩子，要解决多少难题？从1954年"建新"失败开始善后石家庄，到退出天津善天津，其间，两次善后保定，对内对外的善后交织在一起，所耗精力是比金钱更有价值的。长期以来，河北有两大落后被国人看不懂，一是到国家"八七"扶贫攻坚计划出台，河北有那么多贫困人口、贫困县在册里；二是城市化进程十分缓慢，城市化率低，低的不及有的边疆省份，到现在仍为"全国平均水平"而追。其实今用城乡统筹的观点溯源头，均与当年一选省会就跑偏了路有着千丝万缕的联系。谈影响深远至要害处，笔者认为，还不是上述这各表象，而是长期以来河北有痛而讳痛的心态与思维方式。请示了，批准了，是按上级精神办的！是啊，弃离保定多年后，为啥还到那里去？看遍当年文件，无一句解释。何向当年偿是非？难怪历史上的河北，付出了那么多学费，总是难升级。现河北正强起，调结构，转方式，加快新型工业化、城镇化升级，局面来之实不易。

话题二：建设工业化河北，必须要真建，而不是靠"找"，要找的，是符合河北实际的路。河北省是农业大省。在农业大省的基础上建设工业化，河北认识不谓不早，眼光不谓不明。但以抓农业、搞运动的方式去指导工业化建设，河北永远找不到"北"。1952 年，河北向华北局首次提出《省会移到石家庄市的请示》，开宗明义讲："中央关于城市发展建设的方针及今后我省工业发展的趋势"（冀档

855-1-201）；同年《关于将省会迁移到石市的补充理由》，开宗明义第一句："自从我们检讨了省委过去对工业生产领导薄弱决心加强工业领导以来，日益感到省会有自保定迁移至石家庄市的必要"（冀档855-1-201）；1954年1月27日，省第三次向中央报告《关于省会迁石家庄市的请示》，头一句话，仍然是："适应国家工业化及有计划地建设的需要，省的领导重心必须转到有工业的城市"（冀档855-2-558）。话是这样说了，但看历史拂过的这一页上，无论省会在保定时，在天津时，乃至来到石家庄市的相当长时间内，河北真的没有找到工业化建设的"北"。"提高两线"（京广、京山铁路沿线）、"狠抓两片"（黑龙港与坝上）、"建设两山"（太行山和燕山）等，一直是叫得最响的发展思路主题，及至改革开放，河北仍在苦苦地为发展战略而寻找出路，到1985年才有了"山海坝"。多年来，河北被称为"东部区位、西部观念、中部水平"，不该认为这只是个讽刺，应该经常找找这"病根"。反观天津，不畏路途远与偏，在河北建设了包括省境最南端的涉县天津铁厂在内的若干大项目，至今为天津也为河北作着贡献。现在，从涉县通往天津那个专列的每天铿鸣中，当给河北这样的启迪：忘掉那些不愉快吧，并要虚心向天津学习。

话题三：靠搬迁，不会轻而易举地搬出"中心城市"。

时下，人们对"中心城市"的呼声越来越高。看河北省会搬迁，从"城"的角度，当说两句话。一句是："省城"与"中心城"，并不是一回事。凡省城，因是省政权所在地，均可冠以"政治中心"，而在全省是不是真正的经济中心、文化中心？当有别论。当年省会在保定，认为那里不是经济中心，也建不成经济中心；后来省会到了石家庄，相当长的时间内，也还不是什么经济、文化中心。看来，传统的"三心同俱"，从一开始，可能就被"中心城"发展的实践所争议。另一句是：省会可以迁、可以变、可以选，甚至可以由行政手段决定，而中心城市，只能顺应发展趋势经艰苦建设而成。称石家庄"火车拉来的城市"，话很形象，因为"拉"，意味着经济的自然流动，比较合乎规律。但如讲，"火车拉来一个省会"，这话恐怕得打问号。原因也很简单，省会可以拉来，又是可以拉走的。反省河北省会选择的苦涩，其苦根，均在一个"建"字，而"迁"，只是表皮。第一次"建新"失败，实败于不知量力而行，因房子问题把摊子铺得过大了；第二次"找大"告负，实负于对自己地位、能力的不恰当估计，无办法把包括津市在内的全省建设搞上去。当年身在省会找省会，说者"省会领导"，"先天不足"，恐没有想过，哪里先天就足呢？要补足，唯有踏踏实实苦练建设这个"基本功"才是。几乎与河北"建新"的同时，河南省也经历着资金难题将省会自开封迁郑州，其结果，一次成功，人家的经验是什么？无论当时还是现在，河北确需多找几面镜子照照自己。石家庄当年小，做河北省会"正打不着，歪打正着"，经几十年建设，终有了今天这样子。然用现代化的眼光来审比其建设的水平与能力，大家心里有数，应更加努力。现在，河北省会有了，仍缺少像样的"中心城市"，各地解决这一问题，还要走"重搬轻建"的路子吗？看省会之迁，似当有所悟思。

话题四：搞不好就想"撤并"的思维，在河北一些地方，有根深蒂固的残存，河北要强起，必须"转变发展观念，创新发展方式"。当年，中央批准了河北省会迁石，后又批准进津，肯定有中央的大考虑。河北不善抓机遇，把政策煮成"夹生饭"，只能怨自己。连农业也是如此。1959年4月9日，毛泽东主席为纠正农村工作中的瞎指挥、浮夸风等错误倾向，以《党内通信》为题，给"六级"的同志写了信，一直写到了"小队级"。看这时省会刚到天津的河北，主要在干什么呢？很惭愧，既不在城，也不在农，而是在大规模的开展"撤并"。"小社合大社"，一夜可以合出"徐水共产主义试点"。从1958年至1962年，河北对"撤并县"热衷得很，"三县合一"，"四县合一"，只三年，硬将 143 个县搞成 58 个，又恢复为 141 个。撤并县运动一哄而散，河北先后恢复了沧州专区、天津专区等，天津专区仍驻天津。天津专区，也始建于 1949 年 8 月，时驻永清县城，后迁至杨柳青镇（刘青山、张子善案发就发在这里），1958 年 6 月，随省会进津，天津专区将沧县专区合并，驻地迁到沧县镇，旋即，当年 12 月，将中共天津地委撤销，却将那么大个天津专区并入了天津市统一管理。又刚过了两年，即 1961 年 6 月，天津地委和天津专区重新建立，隶属省委和天津市委双重领导至 1967 年 1 月。冀津分开，天津专区也只好搬出，机关驻到了安次县的廊坊镇。对今廊坊市来说，不包括省会在津的那些扑朔迷离，由天津专区演变为廊坊专区，由在津市办公改为小镇行政，安次县、廊坊镇、"廊坊小市"、廊坊市，今天也在奋进的廊坊，就这样一路走来，可谓艰辛，可说是典型的"畿"的见证与缩影。那些年，河北由省及市及县的行政区划变更，都与机构的撤撤并并联在一起，近年又搞撤并，往往与"改革"扯在一起。刚刚几年前虽精心谋划又没搞成的某市升格，是不是又与县的撤并有关系？"大"就实力强、发展快？"小"就发展慢、实力弱？纵观全国各地乃至全球，快与慢、强与弱，并不由大与小来决定。用撤并的思维追求大，往往欲速不达矣。

五、终点回到起点：并非多余重复的几个"关键词"，并加一个深深的企盼："京津石"

掩卷河北省会的选择与变迁，是耶非耶？见仁见智，"是非"全在过程里，过程的意义胜过结局。曾几何，并不远，河北刚一叫"河北"，省会居保定还是居天津，曾有过激烈争论（可参见也即出版的《1928—1949 河北省大事记》），结局是，先居天津，又到北京，后落保定。新中国成立以来，距首都最近的这省会，又走出了这样一道轨迹。感叹历史不以人的意志为转移，被国人不再使用的一个词："京津保"，或在不久的将来，变成相提并论的"京津石"。中国的这片区域，需要出现一个这样的新称谓。围绕过程说省会，夹叙夹议已够多，笔难收，不揣冒昧和重复，深觉以下这些话，还是要着重讲讲的：

发展才是硬道理，会建设才是真本事。发展就要建设，建设是发展的基本的题中应有之义。革命出身的共产党人及其政权，树立了全方位的建设思想，是它执政理念成熟的一个重要标志。1956 年，以党的"八大"为标志，我国进入了全面建设社会主义时期，而恰在这年，河北提出了省会迁天津问题。回看从新中国成立初到"文革"中 20 年的河北省会迁搬，如简单地用"探索中的失误"作结，显

119

然人们难服气，可不说这话又该说什么呢？难圆其说的理由，前后矛盾的进退，两次大大的败笔，充分说明的是，那时的河北，对建设的认知程度和领导建设的本领太差太低，且更为致命的，是讳疾忌医、不肯认真总结学习。最初的那份《省会迁到石家庄市的请示》："石家庄地委、专署由于工作中心是农村，仍迁回原地正定城，这样正定也可适当发展，同时又让出一部分房子，使省级可少建"，这里提到了发展，也提到了建字，或许就是当年河北对建设与发展的真实认识。缺乏经验是共同的，今要重点挑剔的不是这个，而是知道了"确非当务之急"等，又为何那样急急地去作为，并一遇困难就跑之？省会搬迁，事关全省国民经济和社会发展长远战略和大局。1955年，是新中国正式实施国民经济发展计划的首个"一五"始，而河北，以巨资"建新"失败为开局，无论怎样讲，其性质是严重的，及至又告负于"找大"天津市，话再说重一点，一次次地事与愿违，误的是国是省是民；不能够正确地领导群众取得切实的建设成果，讲对上对下负责都是空的。当然，那时犯这种病的不只河北，但，河北的这病，确是"地方特色浓郁"。

要务实认识"畿"之特，在特字上努力建设新河北。1952年、1955年，中央先后撤销了察哈尔、热河两省建制，将两省省会（张家口、承德）和广大区域并入了河北，加强河北的意图是明显的。而这之际，河北却做出了"重心将在南部"的判断，今不用多言，当年将省会挤进天津的本身，已对此做了否论，并给出了要正确把握省情的结论。所以，文中反复使用"畿"字，确有用意："畿"的底色是"直隶"，核心是"辅"意。河北之外称"畿"，今仍主要从历史的延续上打量，河北自己称"畿"，一定要有时代的所指，有与时俱进的鲜活"个性"考虑。"直隶"撤、称"河北"、命"北平"，天津亦为特别市，原本意义的"畿"，早解体于时代进步的洪流中。今"畿"早已非昨"畿"，河北就是河北，河北正年轻，尤其是省会。期盼出现"京津石"，联系实际解放思想，河北最大的实际就是这个"畿"。把握河北省情确难。但有些过时的"畿"之情结，如不破一破，实在是有害的。它要么极易引起冲动，要么极容易束缚创新。"靠山吃山，靠水吃水"，关键是这"政策饭"怎么吃。简单的一个"环京津"，虽不完整，却也来得这么迟。深思40年前与天津"互补"的整个过程，具有重大历史参考价值：体制博弈非河北之长，"共赢"未必在家门，市场博弈之河水，可能更认可河北这块"价值洼地"；登高望远看"环"字，又是河北自划的，似还缺乏"自我河北"睁眼外向的大胸襟；但由"辅"上升为"服务"，由"单边"转向"双边"，多少也是先进。转变发展观念，创新发展方式，河北确需提高全社会的开放意识，更大胆地敞开国际化市场大门，潜心走好特色发展之路，树立建设现代化河北的坚强决心。做决策不要指望上级迁就落后甚至不正确的东西，迁就的结果，使历史上的河北，一头扎进了省会选择的迷茫里。终点回到起点，向昔日的省会保定望去，今日补行一个注目之礼，也是应该的。

教训是永不贬值的财富，河北应当记住这段历史。"十年生聚，十年教训"。从1958年至1968年，整10年，河北背着省会的沉重包袱跑来跑去。既然以档案为凭编书并序，自然要说，档案工作，也是河北工作的一部分，当年就诞生在津市的省档案机构，由于省会变迁的原因等，也不知有些原始的记录散失到哪里，不会说话的档案，也提示着河北：挫折、损失并非全是坏事，它化作教训，变为财富，永不贬值，河北上下，要建设发展的更快更好，应共享好这笔价值。翻省会旧档的初衷，就是要为河北的经济社会发展做点贡献，让它告诉，在建设发展的征途上，既要敢想敢干，又要尽力避免大的弯路子，关键时期的错误犯不起。没有人知道河北建设发展的最终定格在哪里，大有人知道河北对历史上的折腾有余悸。现在的河北，迁省会的主意恐怕没人打了，但有时向后望一望也是重要的，这有助于提高科学决策水平，提高执政为民能力。是的，当年的那段是也好，非也罢，决策者们的初衷和冲动，也不是为个人一己之私。

本局馆的尚宏雁同志，在张宁同志的配合下，负责了编写本书的主要工作，李会生、张新朋、赵亚光、宋洪亮、王潮、王颖、康云梅、袁颖、刘晓云、张琳、赵兰、王艳梭、任学军、辛茹、连薇、高涛等同志，都先后为本书的成稿与出版承担了任务。省委研究室原副主任李永君同志，专门撰稿并致信，给了很大启示；张同乐、朱文通等先生，为之审阅把关，提出了许多好的意见和建议；特别是，省委宣传部副部长魏平同志、张魁星处长等，给予了高度重视和支持；朱耀南、贾秀颖、马友龙、韩致景、刘泽如、于子玉等诸位老同志，为之提供的回忆弥足珍贵，在此，一并表示谢意。另，诚如上谈，由于水平所限，加之档案资料缺失及部分档案尚未解密等原因，本书包括本文，缺陷、偏疏定然不少，深盼关心此书的读者们教正之。

2010 年 2 月 13 日（己丑年除夕）

成稿于河北省国家档案馆，2011 年 8 月修订于平山县战备后库

（选自《档案天地》2010 年第 4 期）

序言难，主要是有些话一言难尽

——关于《建国后省会变迁始末》序言的修改问题

对于《建国后省会变迁始末》一书的序言，下一步修改的任务相当繁重。凡是因资料不足我空下来，让你们补上去的，大多数内容和文字不行。眼高手低，对我说也是这样的。如果处理不好那些琐碎的材料，就叫有材料而不会用。不会用，不是说材料不好，而是把金子当成砖头，或者把砖头瓦片当金子银子使用。

观点统率材料。序言难写，主要是有些观点，如何做到客观、准确，符合历史的真相。该说的有些东西没说透，主要是对观点的凝炼把握不够。比如，简单做个统计，1953 年财政收入是多少，1950—1955 年河北省历年财政收入、城镇居民人均收入，农民人均收入是多少，仍用旧币没问题，但若要用现在的新币换算实际价值，换算购买力，可就不是那么简单的事情了。那时，毛泽东主要用一句名言，概括国情，一是地大物博，二是一穷二白，真是百废待兴啊。工业没有，全指着汗珠子砸脚面的几粒粮食呢，中国当时就这样。河北投资建新省会，明摆着的事实是，原来预算大，但实际拿不出钱，所以中央不批。调整了预算，减少了投入中央批准了，但还是投不起，就只好被迫下马了。迫河北的不是上级，而是财力、实力。

所以，我们在书中，一般就称河北，避不开了，再说省委、省政府。我觉得这就是历史的客观观念，除非书中所需或序言所需，一般不要轻易说到人名。这就叫为长者讳，为尊者讳。以历史的眼光看历史的人，历史的人，只能想历史的问题，做历史的事情，不要用今天的眼光苛求历史的人。这就是历史的观点。但说回来，既编书，力求按历史的真实作叙述，有些话，总要表述到一定程度，太深了不行，太浅了也不行，太深了，影响必众必广，难免把握不住跑了偏；太浅了，又不足以说清，读者不满意，起不到借鉴作用。特别是，作为后人、晚生，难免用现在的观点、语言，去看待、去表述那已过去的曾经。这个基本的想法，我认为没有借，但落实形成文字，实在是有难度。不千锤百炼，反复推敲不行。

省会在天津这一段，回避不了，必须触及，是最难写的

它需要调整思路，明确标题，增添内容。省图书馆，是省会来石家庄后建的。原来在天津也有省图，有大量书留在天津，没处放啊。档案不也是这样么？那时档案没搬到天津，只是在天津建立了省级这个机构，有几十个人在那里办公，档案馆仍旧在保定，如果档案也搬过去，分家时怎么办？就该分档案啦。把什么留在了天津，应从大方面说，把题目精确了。1966年，省直机关离开天津时，虽匆匆忙忙，但悄然无声，与1958年进天津时迥然不同。凭档案说，当时的情形大致是这样的：有一大批的有形资产留在了天津，要综合性数据，不要只说大项目；有不少的文教资源留在了天津，概括的并不好，不仅限于学校，医院等，应尽量说全。这样的话，就先从有形和无形资产两个大概念上，说明白了一些事情。把一时难撤离的机关和人员留在了天津。新中国成立以来，为个省会，河北到处跑，都是自找的。看河北从保定到天津，再从天津撤离回保定，用一句不好听的老词来说，真有点"急急如脱网之鱼，累累若丧家之犬"的感觉。不离天津不行，进保定进不去，"省直的众多部门只好分散在保定周围各县办公"，

写上这句话。如农业厅，在唐县，河北省档案局在赞皇。有的厅大，一个县安排不下，又只好分散到好几个县。这是能够撤离但进不了保定办公，只能分散到周围各县，要举几个单位，最好有个统计数据。一时撤不出来，连保定也进不去，暂时留在天津，以后几年十几年才陆续返回石家庄的有哪些。有些不愿离开，或种种原因不能离开的国家公职人员最终留在天津的数量是多少。写上这句话"双方工作对公职人员都有需要，谁走谁留不是一简单的一句话"。归省管的干部是关键，那时有几千人？先讲干部，再讲职工，三讲家属，这三个层次要弄清。把什么留在天津这个话题，使我突然想起两件事情。第一件，天津历来缺水，河北省会进了天津，天津归河北所属，一个重要问题，是要优先解决天津吃水。为解决天津缺水，河北做了很多事情，其中，修石津干渠，也就是从黄壁庄水库经石家庄市往东而去，到衡水到沧州献县，从那往北走进天津。石津干渠现在还用着呢，现在省水利厅仍保留着石津干渠管理处，这事要写进去，这也是有形资产，类似的还有。水利工程包括了配套工程，渠、桥、建水库等，需要建很多设施。这个工程，恐怕到撤出天津时未竣工。现在石津干渠已做他用，大地的痕迹是抹不去了。第二件，那时，天津面积狭小，发展空间有限，它也需以河北做腹地，特别是战备时。现在涉县的铁矿就是天津的，天津到涉县的专列还保留。天津把什么留给了河北？涉县的两个厂，还有唐山地区等地方的一些工厂，都要举例说一说。另，过去的"棉一"到"棉六"等厂，应也是在天津产生的，省、市合一，天津也为河北孵化产生了很多企业。

省会在天津，九年间主要遇到哪些难题，要做极为客观的梳理和分析。

因为搅动了冀津的大格局，双方的适应都是困难的。主要表现为两方面：一方面，干部思想与团结问题，另一方面，省市优势互补的问题。对于干部思想与团结问题如何？首先应说省市的合并和天津的降格，使得冀津两方面的干部的思想都极为活跃。从河北来说，当年除少数人不愿进天津之外，干部队伍的绝大多数人，对去天津都表示出极大热情。从天津方面看，应当说是，除少数的高级干部之外，绝大多数干部均没有足够的思想准备，从旧文件的字里行间，可看出对这种机构的变动调整，顾虑是颇多的。合并自上而下进行，经中央批准，省市两个平级的领导班子进行了合并。在这里，有必要列出当年领导们的名字。合并后的河北省委常委共计多少名，省人委领导成员多少名，其中河北几名，天津几名，中央下派或从外地调来的几名，都要据实写清。最难办的，从文件看，是双方平级干部如何拧成一股绳。现存的档案表明，无论是河北还是天津都做了大量工作，河北出台的××文件、××意见，以保证两支队伍的运行。天津提出过××举措、采取了××办法，使队伍有机地团结在河北省委、省政府之下。由于历史的原因和现实的干部思想、政治、作风等诸多方面的差异，解决这些困难，难有成效。下级干部的不团结问题，不和谐问题，天长日久，就影响到省委、省政府高层。事情过去这么多年了，今天我们还省省市市的，可见这历史的影响实在沉重。

关于省市优势如何互补，可以说也是一个历史性的难题。从档案和文件来看，河北省会之所以进天津，看中了天津的哪些优势，要引原文写清，从天津方面来说，把河北省会接入，看中了河北的哪些优势，也要引原文说清。应当说，优势互补的思想基础好，但在计划经济年代，特别是在1959—1962年整个河北遇到了三年特大自然灾害情况下，优势互补基本难以实行。仅以粮食问题为例，河北省向中央打出过多少报告，饮水的问题，河北省作出过哪些决定以及采取的举措。计划经济年代，计划经济委员会是名副其实的二政府，粮食、煤炭、物资、项目等都是按计划统一调拨，天津市计委虽保留了，但请示问题，不能越过省计委，两个计委围绕物资调拨存在严重分歧。冀档940-5-64号天津市计委《关于行政区域变更后，有关我市物资分配基数的补充报告》，是一份市计委向省计委的汇报，讲的都是困难。列举的大量的事实说明，当初设想的互相帮助，支援的事情，确都无法落实。对此，省计委能说什么呢。总之，回望几十年前的那次省会迁天津，我再说一遍感觉，感觉异常沉重。"剪不断，理还乱"。我们理这档子旧事，绝非为旧事重提，而是要以史为鉴，找到教训，以对当今的建设发展提供帮助。

谈借鉴，第一个问题是如何建设工业化河北，准确把握省情，找到符合河北实际的路

河北是农业大省，在当时来说，农业大省并不是劣势而是优势。但从档案看，河北省认识工业化的时间并不晚，早在1952年向中央提出省会迁石家庄的报告，就正式提出了工业化问题。1958年省会迁入天津的理由，非常重要的一点，仍然是工业化。在农业大省的基础上建设工业化河北，这个思想在今天看来，仍然是正确的。问题在于建设二字。讲建设必须按经济规律办事，按建设规律办事。什么叫规律？规律是多层次的，规律也是一个动态的过程。既把工业化作为前进方向，就应把工业化选项进而实实在在的进行建设放在突出位置，尤其是，要多建设些与当时国民经济发展相适应的重点骨干工业经济项目。可实际上，河北省会无论是在保定还是天津，并不完全是这样做的，是把主要的精力和大量的投资，用在了建办公楼、建招待机关等楼堂馆所之上，这在天津9年间，看的很清楚。天津民众的意见，写成文字，形成档案的，保存在本馆就有一个。其实在国家"一五"期间，国家重点项目选址投向，也是很看重保定的。"一五"期间国家125个重点项目，落在保定的就有几个，要列出，并非河北迁石时提出的"石家庄的工业基础优厚于保定"，从历史形成的工业基础看，从国家"一五""二五"重点工业投向看，石家庄不比保定多占有。投建迁石费用巨大，基本上是办公用房和家属宿舍，无一个工业化项目。石家庄市作为现在的河北省省会，历经40余年发展，工业薄弱的问题依然突出。工业项目没搞上去，河北的优势农业，由于种种原因，也很糟糕，这就是那段河北走过的路。

中央的决策部署，国家的建设计划，这个大背景一定要讲，而且要讲实讲透。如不讲，不足以显示河北选迁省会问题的突出。但我不赞成讲得过多。

河北的问题，应当多从河北的内部去找原因

从历史上看，河北可能就有这毛病，凡事不喜从自身反省。还回到现实看河北的省会之选。省会设在哪，对一省建设发展固然重要，但仅靠搬迁省会，就能轻而易举地搬出个中心城市吗？中心城市的概念现在很流行，人们对中心城市的认识程度越来越高。但我认为，省会与中心城市并不是一个概念。省会可以迁、可以变、可以选，甚至可以由行政手段决定，而中心城市可不是自封的，她应是经过漫长的历史过程自然形成的产物。称石家庄为火车拉来的城市，这话很形象，因其意味着经济的自然流动，既然拉来了就可不走，可落脚生根之意。如果讲"火车拉来一个省会"，这话恐怕讲不通，原因也很简单，省会可以拉来又可以拉走。还有搞不好就想搬家，就想合并，这种思维定式至今在河北一些干部中残留。河北要想强起，必须转变发展观念，创新发展方式。想当年，中央之所以有条件的批准河北省省会迁石家庄（1954年），后又有条件批准河北省会进天津，肯定有中央的大考虑。而河北呢？省

会于 1966 年从天津仓促撤出，随即天津市又属国务院直辖，意味着中央战略意图的落空。观中国城市化进程，作为一个行省，无非两种途径，一种是把乡造成城，一条是以市拉全省。国家就是国家，省就是省，市就是市。整个国家就是由丰富多彩的各种区划构成。从当年的河北省与天津市来看，虽均为同级行政，但设置与职能有很大的不同。一个省要强起，离开城市，特别是中心城市的拉动与辐射不行，但一个城市过大了，往往成为国务院的直辖市，直辖，它才会进一步发展，不直辖，省很难管理它。所以，中心城市与大城市、特大城市，也不是一个概念。省、市都在中国现代化进程上走着自己的脚步。早在 10 年前，中央就明确提出了，统筹城乡经济社会发展，这变为了科学发展观的核心内容之一。建国至今改革开放后一段时间，河北经济发展落后，缺乏的正是领会中央政策不够，把握省情不准，走不出河北自己的现代化之路。回头看半世纪前的那些事，在河北省会兴高采烈、大张旗鼓的进天津同时，在全省搞的撤并县运动也是轰轰烈烈的。三年之间，河北省的县由 143 个，合并为 58 个，随即又匆匆恢复。看来，搞不好就想搬家、合并，河北确有传统。在河北搬省会这事上，周恩来总理的一锤定音，毛主席那几句极为深沉、意味深远的话，更使我们遐想无穷。只要没有大的战争和意想不到的特大自然灾害发生，河北不应再搬省会了，河北经不起这么折腾。至于撤并机构、合县，历史的和现实的经验教训足以证明，不可轻而易举的打这种主意。这并不是什么改革，使经济快速发展起来，人民尽快富裕起来，才是改革的初衷。凡不符合邓小平"三个有利于"原则的，我们都可往"瞎折腾"上去想。不然，还有什么话可说呢？

进城，意味着执政，这副历史的担子异常沉重

这段话，可以加进序言的第二题里。对于中共及其各级组织和培养的领导干部来说，1945年中央在进北京前，专门在西柏坡召开了七届二中全会，毛泽东主席提出的"两个务必"，确实是永远不可忘却的。毛主席还说说：进城赶考，决不当李自成，如果退回来，意味着革命的失败。这真切地点明了当时各级干部的思想状况，也充分说明了各级干部，是最缺乏管理城市的经验的。如连城市也管不了，还谈什么执政。1958年时，天津早已成为直辖市，天津各级干部在管理城市方面的经验远比河北丰富。河北的大批干部进天津，在如何建设城市，特别是管好天津这个

特大城市方面，存在着先天的不足。靠组织手段能把干部捏在一起，但观念上的差异及由此带来的经管城市的经验，却不是能用行政手段解决的。大城市、中心城市之所以称大、称中心，除了规模、经济总量、繁荣程度这些看得见摸得着的东西外，更有更深的须经几十年乃至几百年才能孕育积累的企业意识、城市意识，才能积累起足够的文化之底蕴。

（选自与工作人员谈话记录稿，2010年1月14日）

"县之治，天下安"。从 1958 到 1961 年，河北也在"跑步进入共产主义"的热浪中急驶，为追求早日成功的"一大二公"，竟将 143 个县合成了 58 个，随即又逐一恢复之。这种即撤即并又即复的运动过程，个中原因是啥？过程是怎样的？影响到今该作何评，其过去的时间虽不久，但确有史鉴意义。

1949 年：河北省的行政区划是怎样的

　　1949 年 10 月 1 日，中华人民共和国成立，定都于北京。12 月 14 日，中央人民政府内务部发布《为统一行政区划变更权限由》［冀档 935-2-2］，指出："为统一行政区划变更权限，特规定如下办法：一、县或市或相当于县之旗以上行政单位之增设裁减，改换名称和界线之变更，均须呈中央人民政府批准施行。二、呈请增减将以上行政单位时，必须说明变动理由，并附呈变动地区详图和人口、土地等基本数字。三、区划变动后，须将办理情形向原批准机构报请备案。四、各大行政区及中央直属省、市每半年向本部汇报一次区划、人口、土地等基本数字。"

　　由于河北省全境解放早于周边一些省，事实上，在 1949 年 10 月 1 日中华人民共和国成立之前，华北人民政府就开始了对包括河北省在内的区域划分进行调整。1949年8月1日，华北人民政府发布关于《为重新调整行政区划由》的通令［冀档907-1-9］，指出："查华北区已全部解放，为适应大规模生产建设的需要，经本府第三次委员会扩大会议决定，将现有行政区划调整如下：冀东、冀中、冀南、冀鲁豫、太行、太岳、太原等七个行政区宣布撤销，以旧省界为基础，并照顾到经济条件、群众历史关系及自然条件等，划分为河北省、山西省、察哈尔省、绥远省，并于鲁西南、豫北、冀南衔接地区成立平原省。华北直辖北平、天津两市。石家庄、太原两市改为省辖市。"8月3日，华北人民政府发布《决定将通县城划归河北省由》［冀档935-2-2］，指出："北平市人民政府市秘字—四六五号呈与河北省所提意见均悉。经考虑，通县城将为河北省通县专署驻地，对该城领导极为便利，同时也并不影响北平市之都市建设计划。故决定通县城划归河北省，仰即遵照。并速办理交接为要！"是月19日，华北人民政府针对阳泉市归属问题发出民政字第159号政府令［冀档907-1-9］，"兹决定将阳泉市划归山西省管辖，原受石家庄市人民政府领导之阳泉市人民政府即改隶山西省人民政府领导。希即遵照办理交接，并报府备查。"9月3日，华北人民政府发出民政字第

180 号通知［冀档 907-1-9］，"据河北平原山西三省人民政府呈，以各该省府已分别于本年八月一日、八月二十日及二十二日先后正式成立，启印信，开始办公，请准予备案等情，除分别指令准予备案外，特此转达希即知照。"

1949 年 8 月 1 日，河北省人民政府发布秘布字第 1 号［冀档 907-1-6］，宣布河北省人民政府成立。布告称："查华北蒋匪已全部歼灭，全国胜利即将达成，华北人民政府为加强统一领导，迅速开展新民主主义政治、经济、文化和军事的各项建设，命令重新建立河北省行政区，成立河北省人民政府。旧河北省所辖县份除东光、南皮、盐山、庆云、宁津、吴桥、南乐、清丰、濮阳、东明、长垣等十一县划归他省外，原冀中、冀南、冀东、太行各行署及察哈尔省所辖县份中，其原属旧河北省建制者，均划入新建河北省；原属冀南行署之旧山东省馆陶、临清、丘县、夏津、武城、恩县等六县及原属太行行署之旧河南省武安、涉县、临漳等三县亦划归河北省；原冀南行署所辖冠县、莘县、高唐、永智、武训、元朝之朝城部分及平原等七县则划归他省。全省划分十个专区，共辖一百三十二县及保定、石门、唐山、秦皇岛等四直辖市。冀中行政公署、冀南行政公署、冀东行政公署即宣布撤销。"9 月 13 日，河北

省人民政府发布《为秦皇岛市政府暂委唐山市政府代管由》
［冀档907-1-9］，"河北省政府成立后，因地区扩大，秦皇岛市距省府驻地较远，且与唐山经济关系密切，为了便于领导，本府决定，该市暂委唐山市人民政府代管"，10月20日，河北省人民政府发布《为撤销任河县建制，其所属地区应分别划归原属各县接管由》［冀档907-1-9］，"依本年八月一日华北人民政府民政字第一五〇号通令，任河县已取消，但当时为便利防汛工作准暂予保留。现汛期已过，无继续保留之必要，应予撤销。其该县所属地区，可分别划归原属各县接管……"

到1949年10月1日中华人民共和国成立时，河北省共辖有专区10个，分别是：邯郸专区、邢台专区、石门专区、定县专区、保定专区、通县专区、天津专区、唐山专区、沧县专区、衡水专区。共辖有市4个，分别是：石家庄市、保定市、唐山市、秦皇岛市。共辖有县132个，分别是：邯郸专区16个：大名县、魏县、曲周县、邱县、鸡泽县、肥乡县、广平县、成安县、临漳县、磁县、武安县、涉县、永年县、邯郸县、馆陶县、临清县。邢台专区15个：邢台县、沙河县、临城县、内邱县、柏乡县、隆尧县、任县、南和县、宁晋县、南宫县、巨鹿县、新河县、广宗县、平乡县、威县。石门专区14个：获鹿县、晋县、藁城县、赵县、栾城县、正定县、高邑县、元氏县、赞皇县、井陉县、束鹿县、平山县、灵寿县、建屏县。保定专区17个：易县、满城县、徐水县、涞源县、定兴县、完县、唐县、望都县、涞水县、涿县、清苑县、高阳县、安新县、雄县、容城县、新城县、固安县。定县专区12个：定县、曲阳县、阜平县、安国县、博野县、蠡县、深泽县、无极县、新乐县、行唐县、饶阳县、安平县。通县专区13个：通县、顺义县、密云县、怀柔县、昌平县、大兴县、宛平县、良乡县、房山县、蓟县、香河县、三河县、平谷县。天津专区10个：天津县、宁河县、宝坻县、武清县、静海县、安次县、永清县、霸县、文安县、大城县。唐山专区13个：昌黎县、丰润县、丰南县、滦南县、乐亭县、临榆县、抚宁县、卢龙县、迁安县、迁西县、遵化县、玉田县、滦县。沧县专区9个：沧县、河间县、肃宁县、献县、交河县、黄骅县、青县、任丘县、建国县。衡水专区13个：衡水县、冀县、枣强县、武邑县、深县、武强县、故城县、景县、阜城县（当时，阜东县尚未批准改称阜城县）、清河县、夏津县、恩县、武城县。共辖有市区29个，分别是：石家庄市第一区、第二区、第三区、第四区、第五区、第六区、第七区、第八区；保定市第一区、第二区、第三区、第四区、第五；唐山市第一区、第二区、第三区、第四区、第五区、第六区、第七区、第八区、第九区、第十区、第十一区、第十二区；秦皇岛市第一区、第二区、第三区、海滨区。

（选自工作手记，2009 年）

1958 年：河北省的撤并县一哄而起

　　从新中国成立初年 1949 年起，到 1957 年止，作为“京畿大省”的河北省，省域面积不断扩大，所辖的市、县亦越来越多。这主要是，1952 年、1955 年，中央政府先后撤销了察哈尔省、热河省，并将两省的广大区域并入了河北所致。但到 1958 年底，情况发生了极大变化。以县来计，全省的县，由 1958 年初的 143 个，骤然变成了 58 个。对县的大撤大并，伴随着“大跃进”，一并在进行。看 1958 年，河北省的行政区划，变动之剧、涉及之广、隶属关系调整之频繁，在全国来说当是罕见的。

　　是年 2 月 3 日，全国人民代表大会第五次会议决定，将由国务院直辖的天津市，改为河北省省辖市。3 月 7 日，国务院全体会议第 72 次会议，通过了《国务院关于将河北省的通县等五个县和通州市划归北京市领导的决定》（议字 13 号）。5 月 29 日，国务院全体会议第 77 次会议，通过了《国务院关于将河北省高邑、元氏两县合并为高元县的决定》（议字 49 号）。9 月 5 日，国务院全体会议第 79 次会议，通过了设立河北省沧州市的决议（议字 68 号）。10 月 20 日，国务院全体会议第 81 次会议，通过了决定将河北省所辖的怀柔、密云、平谷、延庆四个县划归北京市的决议［冀档 907-4-33 号］。到 12 月 20 日，随着国务院全体会议第 83 次会议通过《国务院关于行政区划变更的决定》（议字 92 号），河北省的撤县、并县运动，更加名正言顺地拉开大幕。

先于国务院的决定，河北在 1958 年 3 月 6 日，发出《关于区划问题和有关干部任职问题的通知》［冀档 855-4-1495］，提出：全省 10 个专区和 6 个省辖市重新划分为 7 个地区。承专与承市统一起来，划为承德地区；唐专与唐山市、秦皇岛市统一起来，划为唐山地区；张专与张家口市统一起来，划为张家口地区；天津专区与沧县专区统一起来，划为天津地区；保专与保定市统一起来，划为保定地区；邯专与邢专和邯郸市统一起来，划为邯郸地区。把房山、良乡、顺义、通县、大兴和通州市划给北京市［冀档 855-4-1495］。8 月 20 日，中共河北省委给中共中央上报了河北省《关于并社并乡并县的请示》[冀档855-4-1495]。8月30日，中共河北省委向全省发出《关于建立人民公社的指示》[冀档855-4-1494]，要求全省迅速掀起人民公社化运动高潮，撤销乡（镇）建制，建立政社合一的农村人民公社。到9月8日，河北即将原来的4911个乡（42183个农业生产合作社），合并为951个政社合一的人民公社，全省农村全部实现人民公社化。到1958年12月12日，中共河北省委发出《关于天津市与天津专区合并的通知》[冀档950-7-1]，12月27日，河北省人民委员会发出《关于撤销天津专署将所属各县划归天津市领导的通知》[冀档907-4-33]，标志着这一年眼花缭乱，应接不暇的"撤并县"的"跃进"之举初告完成。看至1959年1月13日，河北省人民委员会，向全省发出的《关于我省行政区划变更的通知》[冀档907-4-177]，以文字表述这一"跃进"的成果，是这样的："为了适应社会主义建设事业大跃进的需要和全省人民公社化后的新情况，于1958年11月29日已经省人民委员会第二次会议讨论通过，并报请国务院审核批准，将我省市、专单位由原来1市7专，合并为1市6专，撤销天津专区，将天津专区全部区域划归天津市领导；县、市单位，由原来的143个县10个市，合并为58个县7个市。58个县，分别是：邯郸专区9个：大名县、曲周县、磁县、涉县、永年县、邢台县、内邱县、南宫县、巨鹿县；石家庄专区9个：束鹿县、藁城县、正定县、元氏县、新乐县、平山县、宁晋县、衡水县、深县；保定专区9个：易县、徐水县、涞源县、涿县、唐县、高阳县、阜平县、定县、安国县；张家口专区5个：张北县、蔚县、怀安县、怀来县、龙关县；承德专区7个：青龙县、兴隆县、平泉县、丰宁县、滦平县、隆化县、围场县；唐山专区7个：乐亭县、昌黎县、遵化县、迁安县、玉田县、蓟县、宝坻县；天津市12个：沧县、河间县、献县、交河县、吴桥县、盐山县、黄骅县、霸县、任丘县、静海县、武清县、宁津县。

关于《1958—1962 年河北省撤县、并县、复县史鉴》一书的几个具体问题

关于本书的布局谋篇

2008 年，关于这本书，我曾写过一个提纲:(《一场悲欢离合的大戏——对 1958 至 1962 年河北省撤县、并县、复县史鉴的一些考虑》)，供你们参考，粗了点。今天，就这本书的大体布局，和你们再具体谈谈想法。

万事开头难，先写第一章，1949 年河北省地、市、县设置情况。1949 年，是开国之年，河北省行政区域内，有多少个专区，多少市，以县为单位又是个什么状况? 可以分为三节处理:第一节，本章概述:主要是将这一年区划的基本情况交待清楚，包括中央、国务院批准的区划变动

的文件、华北人民政府批准的文件和河北省人民政府批准的文件等。范围有多少，涉及的面有多大，都涉及哪些方面，按时间的顺序，把它们一一叙述出来。包括文件全称，档号，要求准确无误。第二节，1949年10月1日河北省10个专区区划图及基本情况。一个专区一页，把该专区的地图列上，在图下面，将这个专区的情况简要做个说明，清楚明了。第三节，1949年10月1日河北省4个市区划及基本情况。也是一个市一页，先是市区图，图下面是市的基本情况，比如总面积，总人口，说明宜简。前四章都这么处理。

第二章，1952年河北省地、市、县设置情况。完全看得出，从1952年开始，河北省的行政区划开始发生重大变化。为什么变化了呢？这一篇要交待一下，党的执政理念在转换，并且在积极探索，建立什么样的体制。这一年，河北有一些县，划归了北京，中央撤销察哈尔省后，将一些县并入了河北。

第三章，1955年河北省地、市、县设置情况。这一年，经国务院批准，热河省撤销，热河的一些市、县并入河北，同时，也有一些县划归了北京，有的划归天津。

第四章，1958年河北省地、市、县设置情况。这是撤并县的基础，当时共有多少专区、多少县，经历了大混乱、大裂变的重大变革，要写清楚。同年，河北省的省会，由保定迁入天津，河北区划工作运行大格局发生了大变化，撤并县运动，由此掀开了序幕。前四章，是基础，是铺垫，是为后两章做准备的。只要把前四章理顺了，就会使人很清楚地看到，从 1952 年开始，河北省的区划格局之变一次比一次动荡的原因大体是：河北包裹着京、津，京、津影响着河北；河北在"一大二公"、"左"的方面，比他省更成熟，总想通过生产关系的变动，来推动生产力的发展，而不从生产力发展自身下功夫。

第五章，就是并县之后的基本状况了。就是说，几个县合成一个，它是个什么样子。这个时候，应是河北省历史上县最少的时候，同时，也是最复杂的。有的是两个县合并到一起，有的则是三个、四个合到一起，有的县几易婆家，从那个县折出来又并入另外一个县，隶属关系就发生了变化，要把这些变化一一盘点清楚。

第六章，史鉴部分，这是本书的重点。余波不断，是经验是教训，现在可以说清了。"以史为鉴，可知兴替"。要用凝重的历史感，为这件事情画上句号。

关于县的撤并与恢复

第五章是全书的核心内容，读者通过这一章，可以清楚地了解当年是如何一个情景。我写了几句话作开头，供你们参考：1958年2月11日，经过河北省千方百计的争取，第一届全国人民代表大会第五次会议决定，将天津市由国务院直辖市，改为河北省省辖。同年4月15日，河北省第一届人民代表大会第七次会议，听取了省长林铁以河北省人民委员会的名义，提出的《河北省省会迁到天津市的议案（草案）》，通过审议于4月18日通过了该案决议。这样，又经中华人民共和国国务院4月28日批准，河北省的省会，终于如愿以偿地由保定迁至天津市。随之，河北省专区与各县设置的格局开始了剧烈震动，当年，全省由1市（天津市）7个专区，合并为1市6专区，撤销了天津专区，142个县另10个县级市，合并为58个县7个市。在"大跃进""一大二公""跑步进入共产主义"的热浪中，一哄而起又一哄而散的河北省全省的县（包括部分市、区）的撤销与恢复。如以区为单位的往下写，应先写天津专区，专区里面写县，仍以吴桥县为例：1.三县合并前吴桥、景县、故城的基本县情，重点写1958年的人口、面积、粮食产量等，三县分别介绍，每县200字左右。2.三县合并的批件及具体时间，已多次说过，看三县大事记并所记不一，这主要是当时编写大事记时没有资料、档案所导致的。为了让这本书体现出资料性强的权威，均要以中央的、华北局的、河北省委的、天津专区的文件为准。有的县关于撤并的和涉及合并时间的文件有多件，那就全部写上。不要怕乱，包括文件全称、文号、时间等，给读者展示真实的历史面貌。3.三县恢复的批件及具体时间，文件的批复，要求翔实、准确，利用档案进行清晰的表述，不要论述。4.介绍三县合并后吴桥县的基本县情了。这个主要是写吴桥大县的具情。包括总面积、总人口、经济总量、社会方面的情况等等。5.三县合并后中共吴桥县委常委名单，包括第一书记，后面要注上他原来是哪个县的，后面还有书记、副书记、县委常委等，然后是三县合并后吴桥县人民委员会县长、副县长名单，也以上面的形式，县长、副县长是谁，原来所属哪个县，要以合并最初的文件为准。6.三县合并后所做的主要事情，包括以下几部分：召开两会，换届选举；大炼钢铁，"元帅升帐"（在山区是开矿），在平原地区大炼钢铁，就是回收废铁，回炉重炼，然后上交；大办农业，修建水利，全党动手，大办农业，其标志有二，一是在平原地区挖渠，挖沟，深翻平整土地，在山区和丘陵地区是修水库；二是密植；粮食锐减，"一平二调"，要把握当时的省情、县情，天灾人祸，三年特大自然灾害，人们生活极其困难，老百姓背井离乡，下关东的人数大增等，都要如实写一写。这样，就把合并后的大县的情况交代清楚了，按照这种形式，接着写交河县、盐山县……就可以了。

要逐节核实、理顺、润色，力争语言如珠落玉盘，清脆凝练，把纷繁的历史事件，清晰、生动地再现在读者面前，让读者的思绪与历史的洪钟产生共鸣：悲欢散尽离合往，曲终青幕徐垂，云卷云舒朝复始，叹古来唯道恒存。

（选自《档案天地》，2011年第6期）

历史，意味着过去。翻开每一重要时段的"过去"，总留下一些反映那时代特色的语句，我们管它叫做"历史的名词"。如"解放""进城""一碗米""互助组""合作社""挣工分""瓜菜代""学大寨"等等。河北泱泱大省，有的名词可能就产生于这个区域。这也是如疤痕一样的东西，梳理一下，加以品析，也是一件颇有意义的事。它不仅提示不能忘记过去，而且有助于防止人们重陷于覆辙里。

"一滴水见太阳"

——写在《揭示历史的名词》付梓之际

　　《档案天地》改版改革，我们又议出了一个新栏目，初步考虑，叫"揭示历史的名词"。这个栏目，是与王潮、张继卫等同志交谈时得到启示。当时考虑要新设的栏目叫"一档一议"，结果，骑着马找马，就找到了这个"历史的名词"。照此思路向前走，以后，我们会找到更多的"好马"。《档案天地》刊发的文章、我们档案部门编研出的成果，应当既要有历史的凝重，又要有一股子清新气息，这样，方能独树一帜。为《档案天地》的改版改革，开了多次会，每次都注意选一个角度，重点谈一个问题。今天，与大家重点商谈一下，如何去写"揭示历史的名词"。

　　历史，意味着"过去"。历史的名词，简单地说，就是指过去人们对某个历史阶段或对此阶段发生的某种重大历史事件所做的一种概括和称谓。今天，我们提出"历史名词"这个概念，也算一个创新吧。揭示历史的名词，选哪些名词作对象，如何去揭示？很值得研究，因为这涉及揭示历史名词的目的。目的是什么？不是为解词而解词，而是要从历史的名词里，提炼出对当今全面建设小康社会有所裨益的道理。从有裨益、有借鉴上讲，我觉得，选一些新中国成立前后到改革开放这一段历史所形成的名词，对我们这一代人和下一二代人，最富有教育和启迪。所以，草选的这些"历史名词"，就从"解放"说起。

名词就是名词，但在名词前冠以"历史"二字，就使这个词具有了不同凡响的意义。起码它可告诉我们，它的出现和传播，定有着时代的、深刻的政治、经济和社会原因。事过境迁，为什么有的"历史"名词至今还在使用？更容易使人思索起它的生命力之强的原因。要把它写好，关键在于揭示。揭，揭开、还原历史真实面目之意；示，用正确的观点和翔实的资料说明它之意。应以宽大高阔的视野，纵横交错的思路，认真负责的态度，深挖其特有的时代蕴意，写出历史的凝重，引发出对现实、对后人的借鉴意义。

按照上述想法，写"解放"，就不能不写"三座大山"，写了"解放",立刻又引出了"进城"等等,顺序怎么排列,大家可再议。有同志感到,写"解放"不好把握,但我觉得,这个词是最好写的。如提纲所列:揭示"解放",首先要引经据典,写个"引喻",说清"解",是什么意思,"放",是什么意思,然后可分五个层次切入正题。第一个层次:"解放"成为政治概念,最早出现中国共产党的党章或文件上,它直接反映了中国共产党人革命的目的。共产党人革命目的是什么?解放全中国进而解放全人类,为实现共产主义而奋斗。不要认为这话空洞,我认为,它确实是共产党人为了实现自己的目的才使用"解放"这一词。第二个层次:"解放区"的出现,使"解放"有了明确的所指。"解放"是一步步来的,是顶着沉重的两座大山、三座大山而实现的。头上没有三座大山压着,何来解放?"解放区"是实实在在的一片片区域,解放区建有人民政权,"解放区的天是明朗的天"。如果把"解放"写到这里,你可自然想起"翻身"。人民当家作主,前提是翻身。第三个层次:"解放"演进为"解放军",又镕成了钢铁长城之意,获得了无坚不摧的生命力。"八一"南昌起义,被我党定为"建军节",但那时我军还不叫"解放军",为什么后来改称为"解放军"?大家想一想,这里面是大有文章的。如果你再联想到"解放前""解放后""全国解放"这些经常挂在人们嘴边上的词，必然会做出"解放"与共和国连在一起的结论。第四个层次："解放"在"文革"中，被遗憾地使用在为解放而投身革命甚至流过鲜血的老干部身上，"解放老干部"，这真可说是一种历史的酸楚和"误会"！所以，中央对"文革"的定案语叫"内乱"，所以，要拨乱反正。第五个层次："解放"与思想联系在一起，成了"解放思想"，而我们党的思想路线，头一句话就是"解放思想"，"解放思想、实事求是、与实俱进"，这样来看"解放"，"解放"将与我们党永远连在一起。大家知道，邓小平同志讲过，实事求是是毛泽东思想的精髓，又讲不解放思想就不能实事求是，实事求是必须解放思想。把"解放"作为党的思想路线的保证与前提，这里的"解放"，应是我们党的思想的自我解放，应是我们党领导全国人民改革开放、科学发展、与时俱进的代名词，它必将随着时代的发展，与我们共产党人、与我们的国家、民族，一同驶向共产党人革命的目的。如果我们这样去揭示"解放"，我想，广大的读者是会赞同的。把所列的历史名词揭示好，先在刊物发表，然后辑起来，出版一本本专著，那将会更有意思。

每个历史名词的产生，都有着深厚的历史背景，蕴含着时代的韵味。但并不是所有的历史名词，都经得起揭示，都有揭示的价值。我们所选、所揭示的名词，应当"一滴水见太阳"，既能引人深思，又能使人上进，而不是使人局限在一个历史痕迹里简单的"不忘过去"。这样，大家选名词，揭示名词，应深悟以下道理：

一、所选名词，应有鲜明、深刻的政治性。我们应当找些小中见大，便于切入，能把或是经验概括、或是时代精神、或是探索失误之理讲得比较清楚的词。同样是那件事，如写"合作化"，不如分别写成"互助组""初级社""高级社""入社"等；如写"三反"，不如写"打老虎"；如写"农业学大寨"，不如写"学大寨"。"农业学大寨"，是毛主席的原话，"学大寨"就是群众语言了。还有"工业学大庆""全国人民学习解放军"等等，都是这一类。

二、所选名词，应有广泛的影响，是在当时广大人民群众中广泛流传的。事实上，有许多历史名词，先是在群众中流传，而后上了文件的；有的是先在文件上使用，而后在群众当中流传开来的。越是在广大人民群众中广泛流传过的名词，越能勾起人们对那个时代的回忆，从而引人入胜，一个一个的看下去。应尽力避免选那些过于生涩、狭窄、偏激的词。说白了，就是应站在党和人民大众的立场上去选择、去揭示历史的名词。

三、有些历史的名词，现在很少使用了，但仍有揭示的意义，还是要写的。比如："地主"，本来是土地的主人之意。"东道主"大概也是从"地主"演变过来的。"地主"成为一个政治概念的时间已久远了，但它作为我们共产党人的革命对象，规范的名称应是"地主阶级""地主成分"。"富农"亦是如此，本意是指富裕的农户，小康之家，它之所以也成为革命的对象，我理解，因其依附于"地主阶级"。党的十一届三中全会后，中央明令取消这些称谓，全中国一下子少了多少"阶级敌人"？这是历史的巨大进步，不然，我们的国家、我们的民族，如何"走进新时代"！时代特征是历史名词的显著特征，但有的名词又富有地方特色，也要注意选一些。如"瓜菜代"，是 20 世纪 60 年代初特大自然灾害时期产生的名词，尤其我们河北这一带，当时叫的很响，其本意是指没有饭吃，用瓜用菜代粮充饥。但经过的人都知道，地里不产粮食，还能产瓜产菜吗？这类词现在很少提及了，但它并没有销声匿迹，把它揭示好，对今人、对后人，仍有很强的教育、警示意义。

四、有的历史名词，虽然现在仍被提及，但追忆历史，这可能是当时特定人群的内部语，或是特定人群事后的自嘲用语，其伤痕、讥诮的味道比较浓，最好不去揭示。我们写历史的名词，一定要站在历史的高度去分析。"工"排第一，"农"排第二？仔细想想，在相当长的社会现实中，农民什么时候坐过"次席"？因此，劳动群众对那时进各种各样的场所去从事些体力劳动的人，恐怕不这样看，不这样叫。不就是劳动吗？怎么能说人不好呢？劳动是天经地义的事。

五、特别要注意，有的历史名词，生命力特强大，一定要下大功夫把它强大的原因揭示出来。比如，刚才讲的"解放"是一例，而"入城"，也可说是一例。一直到现在，讲起"农民工"，我们对"入城"就不能回避。我国是一个传统的农业大国，城乡差别依然很大，何时才能没有了农民"入城"？现在，讲农民工"入城"，应讲这标志着我们国家改革开放的成功，经济社会发展的进步，绝对不是坏事。如能够把这几个关系、几个内涵说清，也是一篇很好的东西。记得前两年，某大城市举办过讨论，城里应该进哪种人？有人说了，要进高素质的人，结果弄的人们很不高兴，讨论不了了之。人都是人，要讲受教育的程度、掌握专业的程度等，确有差别，如说到素质，农民工的素质就一定低吗？像保洁工、家庭保姆等，都是"低素质的人"在支撑着吗？不让这些人进城，"高素质的人"能活吗？歧视农民工的现象，在一些地方到处可见，所以对有些名词，千万不要人云亦云。

（选自《档案天地》2009 年第 11 期）

对"揭释历史的名词"的几点解释

1.揭，揭开、还原历史的真实面目；释，用丰富的历史史料说明它（档案、文件、老同志回忆录、已发表的各类文稿所述、数据、综合、典型）。以宽大高阔的视角审示，以纵横交错的思路构思，深悟其特有的时代震撼力、写出历史的凝重感，引出对实现、对后人的意义。

2.名词应有深刻的、鲜明的政治性、历史性，又要尽量避开对政治运（活）动的直击。如"三反""五反""文化大革命""批林批孔""农业学大寨""反击右倾翻案风"等等。小中见大，"一滴水见太阳"。

3.名词应有广泛的影响，多取在当时社会上、在最广大人民群众中流传的、朗朗上口的词汇。有的，先是在民众中流传，尔后上了文件；有的，先是在文件上使用，然后，又在群众中流传。能勾起那个时代人的回忆，能对现代人引人入胜。可读性要强。叙史要生动。避免干枯（有骨无肉），生涩、褊狭、挖苦、过激，让人生厌，劳而无功。

4. 绝大多数的历史名词，现在已经很少使用。如"地主""瓜菜代"等等。但并没有销声匿迹。其中的历史韵味极浓。揭示它、提及它，对今人、后人，有很强的教育、警示、借鉴意义。深入挖掘，余味无穷。对满足今人、后人读书、读史需求，也有不可低估的作用。

5. 有的历史的名词，并没有随着那个时代的过去而过去，足见其具有强大的生命力。如"解放""入城"等等。为什么？因新的时代、新的中央领导集体、新一代的最广大人民群众，赋予了它新的内涵，使其"与时俱进"。对这类名词，犹要深悟其中的道理，下更大的气力释义。

6. 有的历史的名词，虽然现在仍被提及，但追忆历史，其在当时，并没有在广大人民群众中流传，也就是说，并没有被广大群众认同。这类名词，有着明显的"伤痕"和"讥诮"、挖苦的味道，如揭示的切入点找不准，挖不出令人信服的价值。因历史的真实，历史的影响，不是那样的。

（选自工作手记，2006 年 12 月 28 日）

出一套"资政惠民系列丛书"

　　档案工作"记录历史，传承文明，服务社会，造福人民"。正是本着这个指导思想，三年来，我们奋力地编研着这套"资政惠民系列丛书"。应当说，取得了重要成绩。但我们必须清醒，这项工作存在着许多不尽如人意之处。成书慢，质量水平不高，出版发行的思路太窄等。本想在2009年，即新中国成立60周年时，推出几本，结果没有推出。固然有去年大事多、工作忙这个因素，实际上，这不是主要的。主要的就是，虽然下功夫，如仓促拿出去，绝对不是精品，不会有好的社会效应和经济效应。

　　要下不是精品，宁可晚些，也不仓促出版的决心。这二三年，接触到方方面面的一些人，当谈起这几本书的书名时，无不认为是好的，无不给予一定的赞扬，而且盼望着早出版。如果我们质量水平不高，仓促推出，对不起我们的付出，也亵渎了这么好的一个书名。好书名一定要有好内容，这样，在社会才会叫座，有影响震动。这些选题本身，就凝聚了我们的智慧，体现了我们的心血。如果做不好，弄成夹生饭，那真叫后果不好，重新再来，费劲大啦，尽量的要一炮打响。通过修改补充，再引起反响震动，那很难取胜。后期凝练提高，使之成为精品，任务相当繁重，一点也不亚于前期的付出。

"谁知盘中餐，粒粒皆辛苦"。这句古老的诗句，它本身体现的不仅是体力的辛劳，也更说明了脑力劳动之苦。绞尽多少脑汁，才能凝练出这十个字？写出这十个字的人，付出的心血，绝对不比汗珠砸脚面的农民更少、更低。世世代代，这么多的农民在地里耕耘，确实粒粒皆辛苦，可细琢磨这话，不可能出自某一个农民，应当是一个大学问家概括的祖祖辈辈中国农民的辛劳状况。由此来说，我们前期做的工作，只是初步，就像农民种地似的，处于耕耘的前期和中期。后期，是庄稼进入灌浆、成熟、收获期，这段极为关键，如抓不住，一年的收入就付之东流。所以，千万不能认为，有的书稿拿出来了，也请一些专家审读过了，就可以出版发行了。如对后期工作的艰巨性认识不足，就可能犯功亏一篑的错误。

不要分散精力，不要骄傲自满。近多半年来，一些书稿之所以成色不见提高，两个原因所致。一是下功夫不够，精力不集中；二是举一反三不够。反思前期工作，要用历史的眼光、与时俱进的态度，这样才能提炼出高质量高水平的内容。

提炼就是深加工，深加工才能增值。棒子秸捆棒子秸，照样是一堆棒子秸，高粱秆捆高粱秆，照样是一堆高粱秆。"捆"是一种劳动，也可理解为对棒子秸进行深加工。功夫功夫，没有白费的。提炼加工越细，附加值越高。研究长芦盐务档案，历时两年半，素材搜集了很多，就是提炼不出东西。后来下决心抽了张继卫同志，又历时五六个月，才出了《中国长芦盐务档案研究与利用价值举要》。这篇东西，虽然缺陷仍有不少，但这是我们省档案人利用自己的档案，写出的第一篇对社会有用的东西，其意义不能低估。长芦，是一座金山。我们和师大合作的这部书，连金山的一角都够不上。后，又给继卫同志布置了两个题目，一是《中国长芦盐务机构考》，力求说清中国长芦盐务机构沿革，为以后全世界的人研究利用长芦盐务档案提供帮助。现在，很多问题研究来研究去，总绕不过长芦盐务机构究竟是怎么设置与演进的。再一个题目是《中国长芦盐务管理模式探析》。长芦是个什么地方？在那篇论文当中，第一句话，我回答了这个问题："长芦系指今河北唐山、秦皇岛、沧州等地及天津广大区域沿海狭长地带"。长芦指哪？我认为基本说清了。咱们管长芦档案的人，说长芦盐务档案的话，就要有点水平。书中从六七个方面，列举长芦盐务档案的利用和研究价值，都是提炼之语。社会上早就有人说，长芦是官督商办。但是回溯长芦存在时，是怎么督？怎么办呢？长芦的地面这么大，如何管理呢？那种管理模式，对当今建立现代企业制度是否有影响和意义呢？这里面就有一种制度，有一种管理模式在其中。朝廷专营要获暴利，所设机构应有权威。凡机构，由一层层的组织所构成，它是通过什么管理手段，将任务落实到各个盐场和盐户的，有很大学问的。利润如都归长芦，让朝廷拿走了，各分厂没有利润，绝无积极性。如总厂分厂有高额回报，制盐晒盐的人就没有积极性，谁给你制盐？从国家到各级到盐民，都有该得的利益，利益就是共同目标，就是纽带，最后连在一起。建立现代化企业制度，不就是责、权、利吗？长芦盐务档案，可以培养出大批专家学者，包括我们。

要广开思路，联合各方，争取国家政策和社会各界的支持，保证书出版后有好的社会效应和经济效应。"政策饭"，过去我们没想过，也没想吃。今年稍加努力，已有突破，省委宣传部已将《省会变迁始末》列为"重点公益性项目补贴"，向出版社拨付了3万元，资助我们。这些钱不多，但意义是大的。政策这碗饭要吃大、吃活、吃饱、吃好。再就是社会各界的赞助和支持，千万不要小看这个力量。一本好书，一本对公益确实有用的书，是会获得社会各界支持的。我们的学会、杂志社、负责编研的各位，从哪个角度动脑子，都能找到思路，开辟出天地，唯独关在屋里作茧自缚、畏难怵头，才吃不到这碗饭。档案天地，走出档案才天地宽啊！我省每年都要列一批书目，通过各省直单位来实现。比如宣传部、文化厅、出版局、出版集团、社科院、社科联等等，各自分担着职能任务。多年来，我们与这些单位联系的太少，我们不了解人家，人家也不了解我们。现在正是申报和确定2010年重点书目的大好时机，希望各位开阔思路，解放思想，站在为河北省档案事业发展的高度，为使档案充分发挥"资政惠民"作用多做贡献的高度，以强烈的责任感和事业心，联合或分头出击，定会有所收获。如思想没有新的解放，思路没有新的开拓，站位没有新的高度，想出一个好的新文件，那也是不可能的。要借助各个媒体平台，大张旗鼓的开展造势活动，书出版之前，把舆论氛围尽量造得足足的、浓浓的。办这事需花一些钱，该花钱就要花。付出总是有回报的。为这几篇序言，早在两三年前，我就想在国家级媒体上发表。2009

年，跟《中国社会科学报》进行过联系，又派茅海波同志去北京和《人民政协报》《中国文化报》进行联系，现在该到下决心的时候了。有关长芦盐务的书，争取由商务印书馆、三联出版社出版，在全中国乃至世界，影响力大。杂志社的改革也要向纵深发展，改革确实是做活做大做强之路。杂志倒闭了，报纸破产了，那是经营不善，而不是改革所致。经营不善背后是人的问题。这三年多来，为"资政惠民系列丛书"，我们默默无闻的做了大量工作。我们档案人就是这样，实在、本分、不善张扬，但是我们的作品一旦走向市场，推向社会，就得与市场、社会接轨，就得改变我们的传统思维，该张扬的就要张扬，该造势的就要造势。2009 年河北省政协推出三本书，张云川书记任顾问，省委常委、宣传部长聂辰席任编委主任，还有省政协的领导，政协搞了一定规模的出版发行，社会反响是好的。《1928—1949 河北省大事记》，已聘请付志方常务副省长任顾问。几本书，都要请社会各界的名人来担当顾问，指导帮助，提高质量，扩大发行，增强效果。这两天一直在省政协会上，讨论建设文化强省，我就把这六七部书推出去了，起码在我所在的那个组里，反响是热烈的。顺便又说起《档案天地》杂志。就在这次政协会上，就有政协常委说，看到了你们的杂志，办得越来越好，给予了较高评价。

这一二年来，我不断听到社会各界主动谈起我们杂志的事情，我们的杂志，确实在悄悄发生变化。提高一下，进步一步，难着呢。除了我们的努力外，一个重要原因，就是通过解放思想，开拓思路，跳出档案来办这个档案杂志，聘请了包括赵忠祥先生在内的一些名人为顾问，请周溯源先生在北京牵头组织稿子。杂志如是档案人自己写、自己办，何来社会影响。这方面的潜力大，要继续坚定不移地走下去。

说话到此，还要告诉大家一个消息。今天上午省政协会，省委常委、宣传部长聂辰席到我组参加讨论，我狠狠地说了下档案馆是什么，档案是什么，讲了下档案是供全河北人民所共享的公共资源，河北省档案馆是供河北省人民利用档案资源的公众性场所。接着就切入，河北叫文化大省也好，叫文化强省也好，应当有各个方面的文化元素来支撑，档案资源是河北建文化强省的重要支撑。对我的这些话，聂部长很赞成。档案机构本身是文化事业单位，建立文化强省离不开档案资源的支撑。接着又说了"资政惠民系列丛书"，说完了就把《变迁始末》第七章给了聂部长。我们的同志善于搜材，不善于提炼，不善于提炼，就产生不了观点，书就没有高质量可言，所谓棒子秸捆棒子秸还是棒子秸，捆棒子秸的这根绳，应当就是我们提炼出的观点。一部书叫响叫不响，质量高不高，不在字数多少，关键在于含金量。不求一字千金，我们求个一字一金还不行吗？上午，聂辰席部长讲话时，提出了很多希望和要求，特别提出推进文化产业发展，尤其是可操作的项目，河北缺少这个。河北文化底蕴深厚，建文化强省有资源优势，档案资源也是如此。做一辈子档案工作，要争取做一个大写的档案人。写就是谋发展、干事业、出精品、做贡献。"干"，就是这么简单，两横一竖就是干，没什么复杂；人，更简单，我们河北的长城是一撇，河北的大运河是一捺。

（选自与工作人员谈话记录稿，2010 年 1 月 13 日）

一定要把河北的"家谱"档案征集好

写好河北"家谱"，资佑燕赵今天。收集开发处，今年以来，在李会生处长带领下，按照领导的意图，各位同志围绕征集利用、编研开发，特别是围绕1928—1949年河北档案的征集开发，做了很多工作，取得了较大进展。但要清醒地看到，做好开发利用和档案征集工作绝非易事。我们虽不缺钱，国家每年都有专项资金下拨；不缺人，近两年不断有新鲜血液补充；不缺领导支持，这两三年来，我一直在抓这项工作；不缺大的环境，国家局去年成立编研指导委员会，咱们局也成立了委员会，但我们可能缺少对档案深度开发、多重利用的实际经验，也就是说，可能短时间内，我们还摸不着多出"资政惠民"优秀成果的路子，有劲儿不知往哪儿使。征集也是一样，不下决心，突破不了。如何利用有利条件，发挥优势，扬长克短，很值得研究。研究解决得好，才会出好的成果。（李会生、赵亚光：按领导要求，我们征集1928—1949年河北档案，摸清了馆藏在各个省馆的档案底数，北京市档案馆存有5万卷，天津市档案馆存有6.9万卷，二史馆存有3万卷，内蒙古存有5000卷，四省累计总数15万卷。北京、天津控制案卷目录已经以光盘的形式复制出来。北京市档案馆的控制卷约2万卷，主要是民国高法的审判档案，与我馆保存的高法档案可以形成一个系统。二史馆我们在调查摸底的同时初步征集了100多件。去年征集了3000多期民国时期政府公报，共42卷缩微胶卷。包括察哈尔、冀东防共自治政府、河北省政府公报、日伪时期河北公报，我们对其内容进行了查看，并结合已有的缩微胶片，其主要内容为法令、法规、政令。1928—1949年民国时期政府公报平均1.5天一期。这个密度还是相当大的。我馆现存民国河北档案共计132487卷，其中包括9万多高法档案，2万多长芦盐务档案，民国河北党部档案约6000多卷，政府机关、各厅局的档案还是比较少的。下一步重点征集天津市档案馆和南京二史馆所保存的档案。现在经过协调后，天津方面的阻力已经小了很多，征集工作应当能够顺利开展。）随着国家对重点档案抢救保护力度的加大，各省市都在档案的深度开发利用上做大文章。1928—1948年河北档案的征集搞好了，将为下一步工作奠定更好的基础。结合当前工作的进展，我谈两点看法：

第一，希望同志们，进一步提高认识，进一步增强征集好1928—1949年河北档案的责任感、紧迫感，为丰富馆藏，为建设文化强省，为后代提供更多的档案资源，做出我们的贡献。

这项工作，本应在若干年前就搞，但由于种种原因，未列入日程，导致1928—1949年河北档案全宗开发利用的滞后。历史的接力棒已传到我们手上，这是我们的光荣责任和重大任务。我们理应担起这份担子，把这项工作，千方百计的抓实抓好，抓出成效。做好征集1928—1949年河北档案的工作，意义重大。自2006年上半年来，我逢大会必讲，并且有的话，在社会上也有了影响，省领导也知道了一些，盼望着将工作抓实抓好。认识其意义重大，无论从哪方面说，都需要我们再深思、再升华。比如，单纯地说存史吧，"河北"，从1928年由直隶脱胎，到1949年中华人民共和国成立，整整21年。对于河北来说，这段历史，是绝对不可或缺的、是不能割断的。如果缺少了，等于连"家谱"也无法写了。家有家谱，县有县志，一个人，还要写写总结，立个档案。河北这段特殊的历史，需要完整地记录下来。河北脱胎于直隶，但"河北"绝不是"直隶"的翻版。由"直隶"改称"河北"，我认为，不仅是河北的一件大事，而且是民国的重大事件，可否这样说，"直隶"的消亡，标志着清王朝的最后一个"尾巴"剪掉了。为什么要改？改了以后的 21 年，是怎么走过来的？一言以蔽之，真是错综复杂、变幻如云哪。之前说过，这 21 年，可分几个阶段：军阀混战的河北；日寇铁蹄下的河北；多种政权并存的河北等。短短 21 年，发生过多少扑朔迷离又震惊中外的事件？征集好这个时期的档案，绝不单单对河北有重要意义，有的档案，可能对全国乃至世界，都是有研究、利用价值的。再如，从为后人提供资源上说，很简单地看，现在有多少人知道"河北"是哪一年开始叫的？首任行政长官是谁？再深一点讲，这 21 年，中国的阶级矛盾、民族矛盾在河北是如何具体反映的，等等，我认为，时间越推移，后人对这段是越感兴趣的。到现在，编不出直隶改称河北以来的大事记，与我们这时期这方面的档案太少有直接关系。修新志，可以从"解放"修起，但"河北"的缘起是永远应记住的。河北简称"冀"，有时以"燕赵"代之，历史久远，文明灿烂。如单从省名上看，"河北"可是很年轻啊，如从 1949 年说起，显得就更年轻了。"直隶"的档案资料，可能都在中央馆或台湾，我们很难弄到河北来了。但对已知分散在各个省、市的，要下决心征集到河北来，使后人能尽量看到一个河北的全貌，知道"河北"的源头在哪里，这多好！其历史意义之大，怎么说也不过分。没有这段时期的档案，以后时间越久远，写"河北"，只能有什么编什么，零零乱乱，脉络不清。再从"资政"、从"惠民"上说，现实意义更大了。通过系统征集1928—1949年这段历史的档案，从源头上把河北沿革的脉络梳理清晰，从过去走过来的路子当中，从河北作为"京畿大省"的特殊地位上，方可知河北在中国版图上的重要，加以挖掘、提炼出很多供现代决策参考的精神食粮。我想，如果把这段"家谱"续上，不仅对各级领导，而且对社会各方面，也是很需要的。称河北的这段历史并不长，1928—2008年，才80年哪，难道就忘了源头了吗？作为局长，说句惭愧的话，就档案工作对社会的贡献而言，要看什么呢？好比居家过日子，过一年有一年的发展，住房面积越来越大，家庭财产越来越多，这标志着日子过好了，谁家不想这么过啊！咱们作为档案人，做这种事业，如天天看着上一辈已积累的那些东西，没个新的发展变化，不想做老辈子想做没有做过的事，这叫无作为，没出息呀！我们应为丰富全省档案资源，改善档案结构，提供利用成果，而去发挥我们的聪明才智。反复从这些方面，去理解征集河北"家谱"档案问题，我想，大家的认识会进一步提高。征集档案，绝不仅仅是几位同志的事，而是你们整个处的重中之重，应当作为第一任务来抓。要加强领导，集中精力，按照我们的计划、方案，一步一步的去抓，一卷一卷的去找，一件一件去拿到手上，日积月累，用不了很长时间，我们的工作肯定取得重大突破，继而，编研出有影响、受欢迎的成果，给全省人民抱回几个金娃娃。但是，加大征集力度，也不能胡子、眉毛一把抓，要有条不紊地搞。要抓住重点，按轻重缓急的原则，把责任落实到任务上，落实到人头上。希望你们切实增强责任感、紧迫感、细化方案、主动出击、四处奔走、千方百计地去征集。其他同志，只要需要，都冲上去抓。摸底已经差不多了，没摸到的，要一边抓征集，一边抓再摸底，双管齐下，力求做到情况明、决心大、方法对、效果好。任务量特别大，我也可以带着有关同志出去。哪一天去天津、哪一天去北京、哪一天去内蒙古？要有个时间表。当务之急，抓什么？我看应尽快向省政府写出专题报告，以争取省政府专项支持。你们讲，散存于京津等省市的档案，至少15万卷，我觉得，如果摸底再深入一点，恐怕下不来20万卷。至少辽宁、台湾这两个省，保存的数量，我们还不知道。台湾如果有，可不是少量的。（赵亚光：民国河北省党部、秘书处都是空白）如果有必要，我也可以去一趟台湾。过几天去辽宁开会，可以再了解了解，光沈阳市档案馆也大着呢。（宋洪亮：大连市档案馆也保存着相当数量的民国时期档案。）

第二，结合征集，研究如何编辑出版《1928—1949河北省大事记》和其他丛书。

档案利用，是全部档案工作的最高原则和根本目的。从这个高度来看，征集是基础，编研是延续；征集决定编研，编研又反作用于征集。它们是相互依赖，相辅相成的关系。总之，是要结合的来看，边征集，边编研。只有通过编研，才能看出征集当中的漏洞和不足，从而进一步完善征集。这样，经过数年的努力，我们才能最大限度地达到档案结构的完善，内容的齐全、完整、系统。只有连续地、快速地抓，才能尽快达到目的。所以，根据轻重缓急的原则，征集是重中之重，为第一位任务。同时，应抓紧安排编研《1928—1949河北省大事记》。破了题没有？谁编着呢？（赵亚光：辛茹编1928年3个月，周江占编1个月，高涛编1个月）先突破1928年的，然后再编1929年、1930年的，一年一年往下排，慢慢地就熟悉了。千方百计，抓住主线，拾漏补缺，力求系统、准确、客观。以民国为主线、为脉络是可以的。但要说的是，1928—1949年河北省大事记，不是民国河北省政府大事记，这概念应当清楚。发生在此时此刻的河北的大事，不管它是哪个政权的，哪一方面的，都叫大事。这个说法，我比前次改变了些。上次，不是跟你们讨论过谁为主，谁为辅吗？今后就用这个表述：凡是发生在1928—1949年河北的大事，都叫大事。这样就排除了主与辅，执政与在野等障碍。大事记拿出来，还可以利用这批档案再编别的。这块蛋糕，我们要反复的做。比如弄专题，或者弄其他分量重的书。至于仿真复制，今年，我看调整调整期望值，别设太多的目标了。原来是30本，现在可以搞的有多少？（李会生：现在准备出一个样本。）让它很漂亮。中央档案馆复制的郎咸宁的《丰收图》，比当年还好看，咱复制好了，一个是让省市县各级档案馆存着，资源共享，一个是给省领导和有关方面送送。（李会生：现在做的是《河北省通志》，县里沿革）抓编研，促开发，开发本身又是利用，我看这事实践性很强。就说张新朋同志承担的撤县并县的课题吧，有些县，自己就不清楚了，省局很有必要编一本这方面的史鉴。涉及花钱，别认为重点档案抢救费，就只是用于裱糊什么的，征集、开发也需要投资，想明白了，可以打报告给我，局长们研究，别因为没有钱影响工作的开展。征集本是重点档案抢救与保护工作的题中应有之义。

（崔金亮：我拣重点说一说吧。咱们编写《档案方志志》）关于编写《档案志》，你们做了大量工作，进展不慢。这项任务量大，要集中精力办好，同时，协调好与方志办的关系。当前，我觉得要做这么两件事情：第一件，进一步完善工作方案，把一切想法全列进去，给局长们报一下，研究通过以后就照办。想不全，再补，包括编委会名单、工作人员名单、主要工作，完成的时间等等。大体上什么时间能拿出来这个报告？（崔金亮：下星期吧）不要太仓促，尽量多讨论几次，想全想细。（李会生：全省里边要求是 2009 年最后一稿拿出来）我们要跟上这个进度，工作分成几个阶段，看到这个方案，就如同看到三年后的这本书。我说的工作，包括实施这个方案的必要的详细的预算，如出版花多少钱，雇人花多少钱等？另外，信息公开场所这件事，也可以向财政打报告要钱。什么事都要搞活了。

（尚宏雁：我做省会搬迁的课题，听了领导上次讲话，感觉自己有点闭门造车。我们这次稿件是在 2006 年基础上，做了 3 次修改，大概有 10 万字。）这项工作已经取得重大进展，10 万字的文字付出了多少心血呀！我也同意宏雁同志对整项工作的困难程度的分析和判断，最困难的是找决策者、当事人。没当事人了，或是当事人老了，糊涂了，说不出个一二三来了，就难办了。随着时间推移，找人越来越困难，只能抓住机会，找现在所能找到的人。北京、天津也好，包括军队也好，各个层次的，都可以列个名单。对10万字文稿，先打印出来，然后再研究。只要是真实可靠，可读性强，有历史凝重感，将来这就是一本好书。

（宋洪亮：关于抗渡三年特大自然灾害，5月4日开会以来，我感到思路上路了，但之前走了一些弯路，受老编研方式的影响，习惯先占有材料，通过冯局长和我们座谈之后，我有这么几点情况向您汇报一下：一是工作思路的转变，按图索骥，路子是对的，过去没有搞过著书立说，冯局长提出这四个字，让我也明白了好多事，按图索骥也是一种捷径，节省了很多时间。二是说按图索骥，现在我脑子里还没有这个图，所以我现在查阅很多当时的资料，先拉了四章目录，分别是：一是民生凋敝，主要讲自然灾害的现象。二是天灾，说形成自然灾害的原因。三是生死搏斗，说灾害后的重建和抗争。四是警钟长鸣，自然灾害对现在的警示作用。现在只粗粗看了几卷，大概了解了河北省新中国成立以后发生的灾害，基本上年年有灾。现在考虑这本书，需要涵盖当时社会各行各业，方方面面，体现一个全民抗灾。尽可能反映一个全貌，这是我最近看资料的一个初步想法。）洪亮同志讲得很好。这个思路不错，听了，感到更有信心了。要说的是，由于是初次，还没有经过反复研究，深入思考，所以思路还有点窄。洪亮同志，我看你可以先不考虑题目，先从几个大的方面抓情况。大的方面，和你那个思路不矛盾。首先，弄清楚这三年极其困难的灾害的真实情况。灾害是起始哪一年，又到哪一年止，在这三年或三年多时间里，在河北大地上，到底发生了什么灾，发生的频率，涉及的面积，严重的程度，反复的次数，波及的范围，殃及的民生，影响的经济社会程度等等。第二，弄清河北人民是如何在党中央、国务院领导下，在河北省委、省政府的领导下，同仇敌忾、万众一心，去"战"这场灾害的情况。咱不说战胜，灾害没有战胜这一说，只能采取各种措施，把灾后的问题处理好。天灾是一种自然现象，怎么可能战胜了它。抗渡这场大灾难，所采取的措施，肯定很多很多，中央、省的安排部署，政策方略，具体要求；各级党委、政府如何从实际出发，创造性地贯彻执行；更重要的是人民群众，村自为战、人自为战，千方百计、力量无穷。说到底，抗渡特大自然灾害的伟力之最深厚的根源存在于民众之中。从这里入手，按图索骥，放宽视野，放的越宽越好。以前没有人研究过这些，任何材料的使用都是首次，写出来，一般说，可读性是强的。这个层次是递进的，你们三名同志，先把灾害的基本情况，分方方面面，如省、市、县、乡、村，综合的、典型的；风、雹、虫、旱、涝全面的、重点的；死伤的人、畜、倒塌的房屋、冲毁的公路、铁路都要有。有些数字本身是情况，可情况不光是数字。从上往下看，从点到面的去找，（宋洪亮：我发现了一个很有代表性的材料，就是1960年河北出现了人口负增长，新中国成立后，只有这一年出现了，再有就是人口外迁，城市人下放农村精简人口等情况。）这场灾害真可叫惨绝人寰啊。警示，会给社会人带来无穷的感想。总之，不能只要数，更要有情况，要从面到点伸展，如光是一张张的统计表，人们也就没兴趣了。在座的各位，也就是我。洪亮、亚光，经历了那场灾害，其他的同志，听起来就像是天方夜谭了，这可以看出，整理这段历史，对社会的警示是肯定的。弄清楚当时那样一个环境，那样一个年代，弄清楚了人在生死存亡之际的状态，这就破题了。说一千，道一万，搜集整理这些情况，都是为"警示"作铺垫。更大的功夫，应该下在如何思考警示上。

（张新朋：1958—1962年撤并县，按冯局指示，我也是从弯路上被拉回来。根据冯局长指示，我把有关撤并县的资料，档案中较少，主要是资料，包括民政厅、社科院出版的资料，所有撤并县的资料都有，资料比较全面。大致情况是，1958 年的时候，除了顺义、延庆、平谷、通县等九个县划归北京外，其余的 143 个县合并为 58 个县；1959 年仍为 58 个，1960 年为 64 个县，有的恢复了；1961 年为 105 县，恢复的比较多；1962 年为 141 个县，大部分恢复了。）这就是说，边撤边合边恢复，这是当时一个很不够严肃的事情，要十分注意这个问题。你们的工作也迈出了重要的一步。先把开头理清，如理不清，说明情况没有摸透。综合的必须要有。但同时，必须一个县一个县地交代清楚才好。如三个县合并了，是哪一年合的？合并后叫什么名字？根据哪个文合并的，合并后，县政权驻地在哪儿、规模多大、人口多少、经济总量多少，这些都要说到。把这些一一交代清楚，书就成功了一半。使用资料必须要权威，不权威，一是没人信，二是有误导。包括那些划给北京的，划给天津的，也要写到。将来出了书，给全社会一个完整的交代。我老家吴桥县，那时候跟故城、景县合并，当时这三个县都隶属于沧州地区。三县合成吴桥县，最起码，哪一年合的，有准确时间吧？哪一年恢复的，有准确时间吧？县政权的驻地在哪儿，有准确地点吧？匆匆的合，又匆匆的撤？合了是"一大二公"，"跑步进入共产主义"，撤了，说明了什么，这不就是史鉴吗？这个过程，有的县是三年，有的是一年两年，有的时间更短。这期间，经济有什么变化，社会有什么发展？从这种急匆匆的变动中，总结出经验教训，确实对后人有巨大的借鉴之意义啊。

最后说一句，这个处，大伙儿担子很重，近几年，不断有新鲜血液补充进来，这是事业发展的需要和事业发达的标志。越年轻的同志，我对你们的期望越大，因为你们早晚要挑大梁，历史的接力棒会传到你们手里。读万卷书，行万里路。脑子一定要勤奋，作风一定要扎实，视野一定要宽阔，学习一定要如饥似渴。"三百六十行，行行出状元"，咱们既然走到这一行，就要争取在这一行当个状元。

（选自《档案天地》2008 年第 10 期）

附录：

要特别重视唐山大地震档案的抢救工作

　　30 年前唐山发生了那场大地震，震级之高，破坏之大，死伤人数之多，都是世界有史以来罕见的。在那么惨绝的情况下，唐山人民在中国共产党领导下，创造了救灾的奇迹，创造了恢复重建的奇迹，创造了经济社会发展的一个个奇迹，这些，也是世界有史以来罕见的。把震前征兆、震中救生、震后防疫、重建等环节的档案，分事分类，一一收集好，抢救保护好，不仅对唐山，对河北，对全世界研究防灾、减灾、救灾，也具有极其重要的意义，其意义，也是世界级的。希望唐山的各级各类档案工作者，要从这个高度，去认识和对待唐山大地震档案的收集抢救保护问题，省、市、县一块努力，把这项工作做好，为后人、为人类做贡献。

（选自《河北档案工作》2006 年第 4 期）

天地之间是个人

——《档案天地》改版改革开宗告语

"天无私覆，地无私载，日月无私照。"然，置身于悠悠兰台上，忘情于浩浩档案之中，你不能不更多地看到，日月给予同天共地之人的命运安排却是那样的"有私"。《档案天地》在步入它 14 岁的青春之际，忽觉得，要长大了，有责任把自己名字的历史蕴意作些揭示，并与世人一道，每期以天地之间是个人为题，说说关于档案与天地与人之关系的问题，是为大家开宗，三思有益。不是吗？他，何等气概，"力拔山兮"，用无敌于天下的利剑，最后刎的竟是自己；他，被称为"流氓皇帝"，却创立了"大汉"，到现在看不起他的，仍多是操着"汉语"、写着"汉字"、称为"汉族"的人，包括"兰台"，也是在大汉王朝始设。天哪，今有颇多的人实在不解，你是不是偏私了那个刘邦和项羽？天曰：你去问问《史记》,《史记》正色说道："沛公至咸阳，诸将皆争走金帛财物之府分之，何独先入收秦丞相御史律令图书藏之。沛公为汉王，以何为丞相。项王与诸侯屠烧咸阳而去。汉王之所以俱知天下扼塞，户口多少、强弱之处，民所疾苦者，以何俱得秦图书也！"一个"俱知"，缘于一个"俱得"，档案无用乎？惭惭惭！司马迁老人好像早已预料到了日后，萧何丞相，您也不必叹息，您在兰台史上的至高位置不容争议，你们都是中国档案源头上大写的人。

大江东去，斗转星移，历史跨过了20多个世纪后，中国共产党人又揭竿而起。这个党的目光可不是一般的长远，它从成立那天起，就确定由"宣传主任"为党的文件的保管者，旋即，又增设"秘书"一职，为管理本党文件的专人，那位管理档案的首任主任，名叫李达，这位首任管理本党文件的秘书，更不是别人，建党28年之后，他在天安门上宣告了中国人民从此站立起！血雨腥风里，中共档案从无到有、由小到大，一位名叫瞿秋白的人，制定了《文件处置办法》，提出了分级分类标准，一直沿用到今；当年修订这个办法，并亲手把"中央文库"（现中央档案馆前身）创立起来的，也不是别人，他的职务在新中国成立后一直是"总理"，到现在，人们仍然愿称他"恩来同志"。这里，特别应当提及，1931年的这个《文件处置办法》上说："中央秘书处应注意，每种文件最理想是保存两份，一份存阅（备调阅，即归还），一份入库，备交将来（我们执政掌天下）之党史委员会使用。"伟哉，中国共产党人，到20世纪中国拉开了改革开放的大幕时，各级党史委员会果真变为了现实。行文至此，手有些抖颤，眼眶已润，还应特别提提她，无论如何不能省去了这一笔：现存于中央档案馆的那些中共早期档案，永留住一个女性的太多太多指纹，她死的很惨，名叫杨开慧，就是她，当年协助毛泽东把一页一页的秘密文件整理作档的。溯中共历史的源头，和档案联在一起；数中共早期的领袖人物，竟多人直接从事过、负责过档案工作。"血酬定律"，历史选择中共执掌天地是再公道不过的。那位溃逃到台湾的委员长，并非草莽，"四面楚歌"之际，也知必须带走两船东西，一船叫档案，一船叫黄金，想必欲效仿刘邦，重演个奇迹，可惜，他站到了历史的对面，天地不再给他机遇。

人民之手托起天穹，众生之心犹如大地。人民创造历史，档案本来应与人民亲近。可是，多少年来，档案被深秘于深宫中，大院内，与一般百姓是无缘的。如今，档案已不再神秘，不再封闭，它"记录历史，传承文明，服务社会，造福人民"，已由单纯的资治，转向"资政惠民"，与社会各界、芸芸众生发生着越来越密切的联系。《档案天地》决意改版改革，为的正是贴近民众、融入社会，为天地人的和谐共建尽自己的一份微薄之力。它的宗旨就是"资政惠民"；它的目标是立足档案，面向社会，立足河北，面向全国，并进而逐步与世界接轨。但它毕竟还年轻，虽有无限的遐思和勇气，征程漫漫，谈何容易。亲爱的读者，如果您为它的精神所感动，认为它日后会有出息，请多盯它两眼，多给它指指毛病，多赐您的灼见和美文，扶它上马，送它一程，目送它朝着"自觉期望的目的"，披荆斩棘，扬帆而去！

（选自《档案天地》2008年第1期）

关于《河北省档案志》修编的若干考虑

一、首先，应明确修志的目的

任何时候修志，都有明确的目的性，都是为了把想记载的事情记载下来，以"志"这种载体流传下去。"盛世修志"。这是新中国成立后的第二轮修志。这一轮修志，其意义、目的是什么？这是我们首先要考虑的。是简单地照第一轮志的模子，把后 20 多年的事情接上，把变化、发展装进那个"筐子"里呢？还是说，新中国成立快 60 周年了，特别是改革开放 30 年了，档案事业和其他事业一样，都在与时俱进，此时修志，应当把新中国成立以来，特别是改革开放以来河北档案事业走过的路程、发展的状况尽量完整地记录下来，以传接于后呢？在座的同志都认真地想一想。不然，就不知道怎么写、主要写哪些东西。那个会我参加了，付志方常务副省长主持的。凡事都这样，只要明确了目的，就好办了。如果只对第一轮的志进行些补充，或者纠错，修修补补，倒也好弄。但我认为，第二轮修志，不是单纯地对上志进行修补，而应是力求把新中国成立以来特别是改革开放以来，河北档案、档案工作、档案事业发展变化的整个过程和全貌重新进行梳理，落笔于志上。这样，编纂的志，是一本新志。这个志，应以反映发展全貌为根本目的，以廓清沿革变化为主线，以体现与时俱进为主题。任何编书、修志，总有鲜明的时代特征。

二、目的决定内容

内容决定编目，决定章节。一句话，目的，决定了我们这次修志，要怎么写、写哪些内容。如果说，以客观反映发展的全貌为目的，以廓清发展、变化为主线、以体现与时俱进为主题，新志要有鲜明的时代特征的话，这第一轮修的志，篇幅内容肯定要长于第一次。上一次修到1986年，是37万字，这一次写多少内容为宜？分寸难拿，写少了，怕写不全，写多了，编排不好，又可能太杂。这要求我们，应按照新志主要要"志"什么去考虑内容、构思大纲。既要考虑，如何把第一个志的有价值、成熟的东西保留住，又要考虑，如何把整个的发展状况编排好。比如，

1986年，不可能有档案数字化、信息化。而当今，数字化、信息化，正是代表档案发展方向的重要标志。如果沿用老纲目、老编法，无论怎么塞，也难以把数字化、信息化装进去。

三、正确处理继承与发展的关系

新与旧，是对立的统一；任何事，不过是辩证地统一于史上的一个痕迹。新中国成立后的两次修志，更是个继承与发展的关系。新志不可能将旧志一笔抹煞。如果将旧志一笔抹煞，任何地方不可能修出"新志"。所以，对这个关系，一定要正确处理好。处理好这个关系的关键，在于志的章、节、编、目，如何去设计。科学地设计编、章、节、目，难度大。看你们给我的草稿，感觉对此考虑得不够，这个不够，不是别的，是新意少，旧框框多。比如说，已考虑档案数字化、信息化了，但对机构和法制建设如何处理，语焉不详。所以，应当在明确二轮修志目的的基础上，再修订、完善章节目。至于下限设到2007年，还是2008年，这个没大关系。既然上一次已经突破了要求的下限，这一次也可以，不过，总是要有个下限的。正确处理好继承与发展的关系，通过编章、节、目，把内容重新融通、整合，即使文字增加了，也值得。重复一下：这本志，既不是对那本老志的否定，又不是那本老志的原模再刻，它们有着内在的扬弃关系。

四、不要怕工作量大

不能说，上一次写了日伪档案，咱这本就不写了；已写过热河、察哈尔，这本就不写热河、察哈尔了。新志要把新中国成立以来，特别是改革开放以来，从1949年到2007年或2008年，这58年或59年一段完整的历史，一段完整的发展过程，一个完整的发展结果，记载下来，交代清楚，不说是一项浩大的工程，起码，工作量是很大的。在我们馆里，历史档案，占相当大的比重。改革开放以来馆藏的档案，占总馆藏的多少？起码，这个概念咱得清楚。如果再清楚点，就是记载新中国成立以前的各类档案有多少卷？记载新中国成立到1979年的有多少？1979年到现在有多少？虽然，改革开放以来的大量档案，因为受馆的面积限制，十七八年没有成批的接过，但毕竟是有这些档案的，只是暂时没在咱的馆而已。

五、利用档案写志，不能仅限于我们的馆藏

修志，主要以档案为凭。以档案为凭，不是仅以我们馆藏的档案为凭，如果仅以现有馆藏为凭，是写不出反映

全貌之志的。结合查阅档案，应参考大量其他有价值的资料才行。所以，应结合档案接收、档案资源调查，把可以利用的有价值的历史记录尽量地全用上。比如，河北省政协、河北省人大常委会，自成立以来，没向馆交过档案，可是不能因为没这块档案就不写啊。所以说，写出一部好志，要充分考虑利用馆内档案和馆外档案这两种资源、两种方式。修出一部客观、真实、有价值、对后人有用的新志，是我们的历史责任。请大家注意，《河北省档案志》，决不是简单地介绍馆藏的志。大家看看这个目录草稿，第一编，明清、民国档案；第二编，日伪档案；第三编，革命历史档案；第四编，热河、察哈尔档案；第五编，特种档案；第六编，机关档案。这基本上就是介绍馆藏了，怎么行呢？编好一部河北的档案发展志，很有学问。比如，写机关档案，就应把团体、企事业单位档案考虑进去。第一个志时，没把团体包括进去，企事业也不包括，特别是，那时还没有民营企业档案这一说，当时就这基础。上次，附录河北省档案工作大事记，写到1993年。现在就没这么简单了。因那个时候还不是局馆合一，我们是从1994年开始，实行局馆合一的。那时，单设一编"档案馆事业"显得顺理成章。现在的局（馆），既是我们工作的平台实体，又是我们单位法定的名称。要写到市与县，就更不简单了。

如，邯郸地区档案馆、邢台地区档案馆，现在连"地区"的名字也没有了，全改称了市。所以，对全省上下档案事业的发展，都要历史的、综合的去看。应考虑，河北省档案志单独出版问题。

六、机构沿革与法制建设是两条鲜明的主线

档案法制建设与业务指导，从何入手？有什么内容可以写？应当说，我们有大量的、活生生的材料。档案机构设置与档案法制建设，这个题目，你们再多想想。上一编开始的时候，《档案法》还没出台，只是到了截稿时，才有了《中华人民共和国档案法》。这20多年来，情况发生了重大变化，机构变动与档案法制建设，是反映重大变化的两条鲜明的主线。法制建设又体现到哪里呢，体现在依法设置机构、依法行政、依法指导、依法检查等方面。所以说，机构与法制建设放在一块，有它的合理性。我们的局，过去是河北省档案管理局，以后，去了"管理"，就剩"河北省档案局"了，这可不是个简单的简称问题呀。"河北省档案局"，现在也具有行政职能，由于全是事业编了，严格、规范意义的行政职能，就差了。那时候，局，完全是行政编制、行政职能。经过这20多年的演变，就成了今天这个样子。要是单弄一编"档案法制建设"，当然好，但与

机构不太好错开。说到机构与法制建设，这里面还应包括全省档案干部队伍的变化等。全省各级各类，专、兼职档案工作者，十万余人，统称十万大军。对河北省档案局、河北省国家档案馆的来龙去脉，应写清楚，对 11 个市档案局、市国家档案馆，以市为单位写，都要写清楚。作为市，不仅有局馆合并，还有地、市局馆分设，地、市局馆合并。写县（市、区）局和馆，可能情况又各有不同，是写个总的叙述，还是分几类来写，都可。今年在全省档案工作会结束的时候，我用了 20 分钟讲这些问题。当时说，大致五类。存史真实，按照历史、现状、发展的真实，本着对历史负责，对后人负责的态度，秉笔直书，它是什么就是什么。所以说，可以弄个总述，然后分述，省局（馆）单独一章，11 个市局（馆）一章，每个市一节，在市这一节，把市辖的县（市、区）档案局（馆），一个不少地分列进去，到时一排目录就全出来了。

七、写市、县，特别是馆藏，要突出特色

经过这些年的发展，省、市、县三级国家档案馆馆藏的国家档案，无论是数量、内容，还是结构，均与 20 年前又有了巨大不同。如写到县，记述情况，既要全面，又要注意写有特色的东西，否则就容易千篇一律。如吴桥县有

的，可能东光县没有，东光有的，博野县没有，这就是特色。让各县自己把握，一般情况要有，更要注意多写有特色的内容。写家庭建档写什么呢？每县都是几句，建立家庭档案多少户，这是大话，太雷同了。我看，也应当多写特色。特色、特点怎么会少呢？比如说，新河县国家档案馆，存有董振堂烈士档案多少卷，阜平县存的晋察冀革命历史档案有很多，蔚县存有《大清律例》，青县接收了大量的破产或转制企业档案，等等。企业馆、高校馆也是如此，如开滦馆的美国前总统胡佛档案、宣钢馆的若干民国要人档案等。特色不光这些，如某档案局，哪年被国家评为先进集体，哪年出个什么大事等等。100年后翻起来，2008年修的志，把当时全省各级档案工作机构及工作状况、馆藏特色，全标上了，这多好。

八、其他各类档案馆要写全

上一个志，只写了几个馆，因为那时可能就这几个。经过这些年的发展，全省各级各类档案馆增加了很多，有部门档案馆、企业档案馆、高校档案馆、新经济技术开发区档案馆等。企业档案馆又分国有与民营。开发区还有的称档案局的。县（市、区），虽没有专门立节，但是县一个不少的都在所属的行政区分列出来了。讲完了市、县，应是各种其他档案馆。专门档案馆应当标页码，写全，目录上体现出馆的名称，清楚无误地显示出来。有的，虽不叫馆，称"室"或"处"什么的，但规模大，馆藏多，富有特色和代表性，也可考虑写进一些。尽量反映全貌嘛。

九、认真学习、领会好方志编纂委员会的文件精神

昨天开了整整一下午会，说了六七个问题。今天，你们拿来了一个新的目录草稿，讨论之前，我又看了省方志编纂委员会文件。对照文件，昨天我们所谈的内容，与编纂委员会的要求，大体是相符的。但我们谈的，还粗浅，不够全面、深刻。比如说，文件要求的基本体裁，为述、记、志、传、图、表、录七种，以志体为主。别嫌我说话直，先领会领会"述"。"述"，就是如实反映，而不是过多地去评价什么，是个什么、是个什么过程，交代清楚了，就是"述"。看咱们的目录，可说基本上全是述，缺少记、志、传、图、表、录的整体考虑。再比如，文件明确指出，篇目的设置要突出具有时代特征的事物，特别是新生事物、新兴产业，在设置中不能丢漏，等等。我认为，还是要反复地学习文件，只有这样，才能进一步统一认识，提高水平，把志写好。今天拿的这个草稿，考虑了全面，突出了重点、主线，比昨天的好了。

十、举全局之力，动员全省各方面一齐抓

法制建设，以尉迟荔为主，和学圃商量商量。执笔的任务要和各个处室结合起来。全省统一部署以后，总编室负责哪些，各处、室负责哪些，市、县承担哪些？上下尽快一起动手。总编室设在收集开发处，负责章节目的构思，负责日常工作的安排、协调，负责对市、县和各方面的联系、指导，以及审核把关，合拢、定稿。编档案志不是一个处室的任务，而是全局馆的任务。要写的不仅仅是省局馆本身的事，而是全河北省的。所以，要加强领导，成立强大的班子。要明确任务，并把任务层层分解。11个市，承担市的任务，县的任务，由100多个县（市、区）来承担，各专业馆、企业馆、开发区馆，都各自承担各自的任务。编、章为网纲，节、目如网眼，想全面、想系统，尽量疏而不漏。最大限度地调动起上上下下、方方面面的积极性。

十一、要弄清"总述"与"综述"的关系

全书，应当有个总述，或叫"概述"。"总述"，就是总体概括的意思，起到总括省情、提炼精华、沟通联系、彰明因果、评量得失的作用。但每一编，还要有个"综述"，

就是对这一编，起到提示分类、画龙点睛、明确事条、勾勒脉络的作用。这叫过了筛子又过罗，尽最大的智慧和能力，把这本志编好，以流传于后。总述里，拣着第一级的概念，把最重要的点点就可以了。"总"与"综"，如处理不好，容易前后重复，重复也不要紧，比遗漏好。如果咱们下的功夫大，处理得好，还真"法网恢恢，疏而不漏"了。编书修志，客观准确地记录这些年来真实的状况，怎么会没话呢？这里再体会一下述、记、志、传、图、表、录七种并用，就丰富多彩啦。述是说话，话没的说了，拿图来说，拿表来说等。照片本身也是档案啊，河北革命委员会的图章不也是档案么？看看当年编的指南，也有很多可参考的。关键是大家熟悉的好写，不熟悉的不好写。如，要写清楚长芦盐务档案，其中2000多卷的外文档案怎么写？至今译不出来，介绍不了。写馆藏，应是咱们最拿手的。写依法接收档案，加强国家档案资源建设，比写馆藏更重要，修志不能丢了这一大块。

十二、重点档案的抢救保护，也应重重的写一章或一编

如统计一下，新中国成立以来，我省各级财政用于档案的抢救与保护的资金，是相当不小的数据了。这是咱们

中国共产党人执政对档案的贡献。新中国成立以来，对抢救与保护采取了多少举措，推出什么政策，投入是怎么样的，干了哪些工作，都应细致地写上，如我们不说，谁去说呢？写重点档案的抢救保护，顾名思义，就是通过志的形式，把中共执政以来，在重点档案的抢救与保护方面推出的举措、政策、投入、取得效果等，一一如实写上。

十三、对上一个志的精华章节，一定要汲取保留下来

所谓精华章节，就是确有传承价值的内容。如上一个志，记述我省档案机构的发端，写有这样的话：河北省各县和省辖市所属区的档案事业行政管理工作原为档案局监管，后成立档案局科，河北县级档案馆始建于1958年秋，在当时党政档案工作尚未统一管理的情况下，藁城、正定二县把中共县委、县政府的档案室的档案和两个档案室的干部合并，成立档案馆，明确馆长。档案馆除负责本身工作外，还负责县委、县政府两个机关档案室工作。这种做法很快在全省得到了推广，得到了中央秘书局和国家档案馆领导的赞扬，并被国家档案局制定的县档案馆工作通则吸取。到1959年，全省66个具建立档案馆。档案馆除承担本馆的档案管理外，还负责全县档案业务工作指导和干

部培训。县档案馆既是中共党的机构又是县政府机构。为加强党对档案工作的领导，县档案馆由县委办公室主任直接领导。在"文化大革命"期间，有的县档案馆改为县革命委员会办公室的档案组或档案室，等等。像上一个志这些文字，可以整块的拿过来。每本书、每部志，写得再好，不可能完美无缺，或多或少总有缺憾，有瑕疵。对拟将入志的浩瀚资料，要做到去粗取精、去伪存真、汲取精华、剔其糟粕，一是要下大功夫去寻、去找；二是要多用历史的眼光去打量。干"去、存、取、剔"的事，不下功夫不行，没有历史的眼光不行。事物本身是发展变化的，词汇也是发展变化的，要把事写准，就要多使用些反映发展变化的中性语言。所谓"中性语言"，算我的一个创造吧，就是朴实、客观的语言的意思，不要使用那些类似广告的语言。在技术处理上，当粗则粗，当细则细，疏密结合。有的，分得越细，可能反倒越不细了。编太多了，难免重复，还会出现刚才说过的畸轻畸重。所谓技术处理不当，说白了，就是咱们的文字水平和历史眼光有局限。对基层基础档案建设，包括乡（镇）、村、社区、企业、机关团体等，都要费脑子梳理。

十四、无论怎么说，"国家"二字非常重要

　　大的、重要的、标志发展的，当然要重笔来写。但是，从修志的角度讲，有些事，是大是小很难说。编，可说是志的"纲"，立编，总要着眼于反映事物发展全貌的大方面。这几个建设，我可没少说。明年要对各市、县开展综合评估，重点也是这几个建设。提出几个建设以后，为了便于记忆，朗朗上口，又称过几大工程。可每次，我总在"工程"后面，再加两个字"建设"。档案机构和队伍建设、档案法制建设、国家档案馆建设、档案资源建设、档案数字化、信息化建设、家庭档案建设等等。昨天我没说这些事，觉得这么说是不是有点太现代？如你们觉得，用"建设"，能基本涵括新中国成立58年的发展变化主脉的话，就以此立编。其实，省、市、县三级档案工作，三级局、馆，还有其他方面，都是从无到有，从小到大，从少到多，从初级到高级发展的。其他馆，如过去的邮电馆，因现在邮政局没了，就成了"网通馆"了。还有，像民政馆、科技馆、各级各类的，确实很多了，但这些馆无论多么大、多么现代化，在今天看来，它跟"国家档案馆"还是有区别的。我不愿多提什么综合不综合，这应当是个过时的概念。哪个馆就藏一种档案啊？科技馆就不综合了？外交部档案

馆，单看名字，就是外交方面的档案馆。其实呢，它包括了政治、军事、经济、文化、科技、教育等各方面的档案，什么没有？"国家馆"与"综合馆"是两个不同的概念。国家馆是综合的，但综合的不一定都是"国家馆"。"学会"可以放在队伍里，"网站"跟着宣传或信息化。还应再附上几大录才好。还是那句话，过了筛子又过罗。说着说着，我又想起来了，法制建设，咱开过几次会，强调过"依法设置、依法称谓、依法解释、依法执行"这四句话。当时刚到咱们单位，觉得外部人，也包括我们一些同志，对这个局、这个馆的国家法律地位说不清，引出不少麻烦。所以，在承德会上，要求一律依法称呼"国家档案馆"，全省上下，很快都办了。可以把这写进去，让后人评去了。不论怎么说，"国家"二字非常重要。

十五、可以按照六大编、几大录的基本框架，再完善整体思路

上一个志，共四编。这次分六编，如再附上几大录，应当说厚实多了。英模录，从评先以来的，特别是国家级的，应一个不少地录上；成果录，大大小小的成果评过多次，系统一下，全录上；说到英模、成果，就想到全省档案系统高级专业职称人员，上一次写志，可能还没评聘呢，

现在，省局（馆）全部参照公务员管理，不须再评职称了，一个历史的过程要结束了。河北档案系统，产生过多少正高、副高？全录上。通过六大编、四大录或五大录，力求涵盖主要事业、重要工作、基本面貌。这次比上一次多的两编，就多在法制和信息化建设上。别的，别管叫什么名，基本上属于"换汤不换药"。要是你们都觉得可以的话，从明天开始，按照这个思路重新作编、作章、作节、作目吧。第一编，档案机构与队伍建设；第二编，档案法制建设；第三编，国家档案馆建设；第四编，国家档案资源建设；第五编，档案信息化、数字化建设；第六编，基层基础档案建设。"建设"，这两字，本身就是工作的又一称，"建设"，就是这50多年走过的路，发生的变化。每一编名，如多加几个字，显得丰满，可以多加几个字。比如说，河北省档案机构与队伍建设，河北省档案法制建设，河北省国家档案资源建设，河北省各级国家档案馆建设，河北省各级国家档案馆信息化、数字化建设，河北省基层基础档案建设。多几个字，还是少几个字，是精益求精的事了。好文章，好书，是下功夫磨出来的。这个磨的过程，就是付心血。

十六、对"录"，也要精心研究

把六大建设作为六编，力求客观、朴实、凝重、全面。但对每一个录，也要精心研究，马虎不得。录，要着眼于带有标志性的事情。如重要文件录，应原文录。什么是重要文件？省委、省政府批准建档案局的那个文件，怎么也得有。建馆也应有个文件。从头开始往后找，找标志性的。如1994年局馆合并的文件，2000年三定方案文件，政府办公厅转发的县级档案馆建设意见的文件，省委、省政府办公厅关于加强档案工作意见的文件。漫长的50多年，包括历任局长的标志性讲话，也可以录一些。从局建立以来到我，是第四任局长吧。找一找韩局长当时重要的讲话，录上一个两个，找一找黄局长有代表性的重要讲话，录上一个两个，找一找胜杰局长有代表性的重要讲话，录上一个两个，我的讲话，录上一个两个。这两三年，我讲过的话，认为比较重要的，提出"资政惠民"算一个；"全省学迁安，新馆兴起来"算一个；再往下，"以强烈的历史责任感和民族责任感把该接收的档案尽快接进来"；还有"四个依法"。昨天你们说过立传问题。"生不立传"，但我们可以拣英模当中的精英，以事系人，总可以吧。你们觉得这50来年，在档案事业上，工作时间长、贡献大、人品好、在社会上口碑好、树得住的，该有多少人？张连婷应该算一个吧；王克军应该算一个吧，明摆着干出了那么多业绩，都老在档案上了；杨学英怎么样？也应算一个吧？这三人都获得了"功勋杯"。对做出重大贡献，有比较大影响的档案人，无论什么职务，都尽量不要遗漏了。韩局长，任职横跨了50年代到80年代；最初评选的劳模，个个都是过硬的。回忆过去，有的人可能不在世了。但我们要尊先、敬老，全面、客观、公道。同时，还应想一想大事记如何写的问题。

十七、结合修志和当前工作，考虑明年建馆 50 周年馆庆问题

最近，我跟局长们商量过了，明年是新中国成立 60 周年，同时也是咱们建馆 50 周年，该怎样庆一下？新中国成立 60 周年，国家肯定要庆祝。建馆 50 周年，对于咱们局馆来说，也是半世纪的一个历程、一个大事。我们取得了很大的成绩，与共和国一道前进。如何借新中国成立 60 周年，建馆 50 周年之机，既抓好既定的各项工作的推进，又开拓出新的思路？搞一些对工作有促进、对振奋同志们精神有帮助的活动，需要各处都要考虑意见。搞哪些活动、抓哪些创造性的工作？应有多种，其中一项，能否在建馆 50 周年时，推出一套"资政惠民丛书"，公开出版？与河北

师大联合的《中国长芦盐务档案精编》先出;《建国以来河北省省会变迁始末》,争取明年出版;《抗渡 1960 年到 1963 年特大自然灾害的历史警示》,能否在 50 周年出版? 还有《建国后河北省撤县并县复县史鉴》等,果能推出一套在社会有良好反响的书,那多好,给你们奖励。不要老是说难,从资料上、从时间上、从领导重视程度上说,我觉得不难,缺经验可能是真的。同志们争分夺秒地干吧,经验只能靠实践、靠积累。如果迟迟入不了门,别说明年,再有五年、十年也拿不出来。下定决心,攻破一个难题,思路一顺,书就出来了。查档案,只是一个过程,一个工作方式而已,关键在于解放思想,开拓思路。一定要为建馆 50 周年献礼,为社会、为后人留下点有用的东西。

（选自《档案天地》2008 年第 8 期）

太好了，征集到了唐山大地震的航拍拷贝

今天亚光讲征集，我自然想起，在去年咱们花了9000元钱，在河北省电影制片厂买了一部唐山大地震航拍档案资料。1976年可以载入人类史册的那次唐山大地震，留下的东西极少极少。因为那时候没有这么先进的设施、设备，除了零散的照片，没有系统的东西。在那个时候的第一时间，河北省委，省革委只能动用拍电影的那些设备，飞临唐山地区上空，镜头朝下进行拍摄，一共拍了50多分钟。咱们花了9000元钱买了唐山大地震的第一手资料，同志们，这50分钟唐山大地震的资料，现在堪称国宝，再给咱们900万也不卖，这当然是评估，什么是市场价格？全世界就这一份。买的虽然是拷贝，但是原件在电影制片厂已经不具备保存条件了，被毁了。拷贝就是这一个，就是说复制品就是这一件，就是说再有想复制的得到咱们档案局来复制。电影制片厂以后也不拍这个片了，它留着这个

也没有用。今年 5 月份我和电影制片厂的厂长王晓义在一起吃饭的时候说起这个事情来了，他说你可买着我的便宜货了，仅此一份拷贝。这就是说咱们买回来了进了咱们的馆就是进了国家档案馆，咱们好生保管，要有长长的生命力，将来价值无限。50 分钟，当应有很多信息在里面。现在还能打开看吗？你们得看看。电影制片厂的名字现在听听都很陌生了。有时间的时候像放电影似的给大家放放看看，买来这个宝贝得让同志们看看呀！前些日子郝慧明跟去四川，人家给了一个小光盘，我那个给了办公室淑敏放着。抽时间看看当年唐山的情况，再比比现在的汶川的情况，大有裨益。

（选自在"我为河北档案事业发展献一计"解放思想大讨论时的讲话，2008 年 11 月 3—5 日）

与有肝胆人共事

——《档案天地》改版改革周年寄语

人，什么都可以没有，唯独不能没有追求；人，什么都可以放弃，唯独不能放弃的也是追求。这是人与宇间万物的根本不同。历史由人来写，杂志由人来办。《档案天地》作为河北省档案局的一个重要窗口，一年来，它恪守着改版改革的初衷，奋力地追求着"立足档案、面向社会"；追求着"立足河北、面向全国"；追求着"资政惠民、开卷有用"……与喜爱它、关心它、培养它的广大读者朋友，一道走进了牛年的苍穹。可否这样说，世上，本来是没有"节"的，"节"，也是因为人的追求才产生。节的辞旧，意味着过去、意味着反思；节的迎新，意味着展望、意味着要更加努力地去追求。所以，说节是一种文明、一种热烈，固然不错，但每到这种节日，我更认为，节，亦应是一种清醒、一种沉重。不是吗？节，就是人类在认识自然、改造自然、追循着大自然的规律去办事的过程中为无限的时空而刻下的一种印钮。反思一年来的工作，展望下一步的征程，河北省档案局及《档案天地》杂志社，以沉甸甸的愉悦，向全国的广大读者致敬！

天地之间是个人。人有逆天之时，天无绝人之路。所以，任何时代的魅力，总表现为人往高处走，水往低处流。正是在人对各种各样事的无穷的、不尽相同的追求中，社会产生了分工。作为档案部门，当今，我们担负着"记录历史，传承文明，服务社会，造福人民"的任务，授权行使着全省档案事业行政执法、档案行政管理和档案保管利用两种职能。"创新档案'资政惠民'机制，服务河北又好又快发展"，是我们职业的最高追求。办杂志也是这样，追求往高处走，走向全国、走向社会，为以改善民生为重点的社会建设多做一些有益的事情。一年来，它艰难跋涉、磕磕碰碰、跑跑停停，其中蕴含了太多太多的意境。蕴含了自觉，蕴含了责任、蕴含了付出、蕴含了成功，也蕴含着在某些方面的不成熟甚至是失败的可能。追求成功，可能收获了失败。然而，人，不能因为怕失败就不去追求，孤独求败，可能正说明了他的成功。2008 年年底，我到北京拜请赵忠祥先生担任杂志社顾问，与赵老师谈及这些有关话题，感慨多多、受益颇丰。是啊，人生、工作、生活、事业，不就是这样吗？因为有太多的不顺，才有了人人都理解、都赞同的祝您工作顺利；因为社会还不和谐，才举国一致，同心协力，建设社会主义和谐社会。所以，日常交往，人们总把祝您工作顺利作为首选；在这个辞旧迎新的时刻，我还是愿把祝工作顺利，送给杂志，送给广大读者朋友。

以人为本，地义天经。可人，当以什么为本？理应从事业的平台上找到立定。立志于改革迅跑的《档案天地》，在新的一年里，要继续高扬起"资政惠民"的大旗，更加自觉地秉承着"拿着人当人，拿着事当事"的精神，去做好改版改革的每一件事情。书曰："谋事在人，成事在天"，依我看，此话似只说对了一半，另一半错在哪里？错在并不清楚，正是无数的人，才组成了天，或者说，天，正是由无数的人组成。人心齐，泰山移；九牛爬坡，个个出力，世上没有办不成的事情。广大的读者朋友，《档案天地》是您的大有用武之地的天地，继续恳望得到您的关爱和呵护。

读者众众，阅者为师；人贵有志，学贵有恒；与有肝胆人共事，从无字句处读书。闻听着窗外的声声炮竹，心潮一阵一阵涌动，过年了，不能忘，特向为本刊惠来大作的方成、冯骥才、梁晓声、莫言、蒋子龙、肖复兴、丛维熙、叶延宾、刘心武、卞毓方、雷抒雁、邵燕祥、舒婷……向各位尊敬的名家大师，寄去河北档案人的不尽的谢意和祝福！

（选自《档案天地》2009 年第 2 期）

兰台耕言录

LANTAI GENGYAN LU

冯世斌　著

长芦韦编

中国文史出版社
CHINA CULTURAL AND HISTORICAL PRESS

图书在版编目（CIP）数据

兰台耕言录 / 冯世斌著 . —北京：中国文史出版
社，2019.12
ISBN 978-7-5205-1687-7

Ⅰ.①兰…　Ⅱ.①冯…　Ⅲ.①档案工作—中国—文集
Ⅳ.① G279.2-53

中国版本图书馆 CIP 数据核字（2019）第 267344 号

责任编辑：赵姣娇

出版发行：**中国文史出版社**

社　　址：北京市海淀区西八里庄 69 号院　　邮编：100142
电　　话：010-81136606　81136602　81136603（发行部）
传　　真：010-81136655
印　　装：廊坊市海涛印刷有限公司
经　　销：全国新华书店
开　　本：787×1092　　1/16
印　　张：24.5
字　　数：210 千字
版　　次：2020 年 1 月北京第 1 版
印　　次：2020 年 1 月第 1 次印刷
定　　价：90.00 元（全二册）

文史版图书，版权所有，侵权必究。
文史版图书，印装错误可与发行部联系退换。

長蘆鹽法志 卷十九 轉運

長蘆鹽法志 卷四 場竈

長蘆鹽法志 卷三 沿革

凡例

一長蘆鹽法志初修於雍正三年再修於嘉慶九年迄今已
迨十紀歲月既久法制多更當此整飭鹺綱之際亟圖葺補
益資攷信事屬攷據而釐閏豈待末度後大半亡失宣如覽
其以存實典茲採嘉慶舊志為本繡以嘉慶迄今百餘年
之事列陳採詳徵徵分件整例志現行詳章後數年成
索其中拾遺沐冗起蘆書體例調育吏張所期文簡事核
共昭法守

一鹽法為鹺政一端與通省府州縣志體例迥別如嘉慶

場 全 圖

長蘆區私鹽運輸略圖

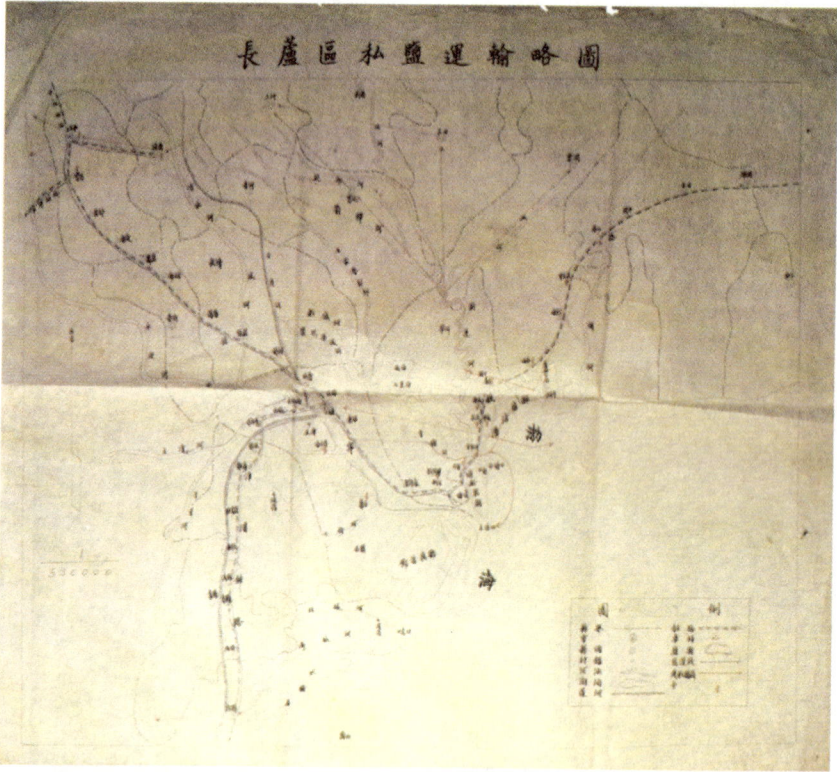

[印] 37.1.23 科討會

長芝運動管理局

先生遺席敬啓者海寧蔣百里先生方震論壇祭酒兵學權威自捐館舍薄海

同悲先生生平著述在抗戰建國期中萬流傳誦震爍世界倭人覽之亦爲奪氣喪志怯

步逡巡者再惜逢戰時交通梗阻未能遍布乃者國防學會在滬輯印先生遺作由自健

生將軍親加校閱曰「蔣百里先生文選」現已出版

台端領導羣倫熱心文教夙所欽佩用特函請

貴處予以提倡書訂百部分發所屬詳加研讀庶先哲嘉言潤澤

左右有裨建國誠匪淺鮮如何之處尚祈

遐向該會洽購以資提倡爲禱（該會會址上海金神父路底明德邨三五二號）

耑此卽頌

道祺

所附該書定單請隨介函併發

李崇□　啓

中華民國卅七年一月念四日發出

本報紙
RECEIVING FORM 中國
THE CHINESE TELEGR

由
所
話名　時 H　分 M
By

附
REM

報本號數
TELEGRAM No.

報報局
Office from

沛德與公司色那長芷鹽

逢岑供迨使和以

羽子良賀

長與公蘄鹽年廢商渼頓公珍此

使與芦鼎去歸載經整靖不際

逢德長一自收轉雖加不何官

令

中華民國陸海空軍總司令部副令第○○號

令 長蘆鹽運使署

為通令事案准財政部咨開案准監察院函以據審計院呈稱......

金庫支票之給款......通用票銀公款收支暨通用銀元者......以為......相符......一律......查......

現不得以各種通用銀元......照繳庫......即照......此令

金庫年度自當年度行......中......

凡......收解以各款項......為......通用......票......

遵照辦理......填發公款......以......為......

此令

中華民國十九年○月八日

閻錫山

隨印傳發書
託封趙連瑞

令長蘆運使

准國務院函開前奉

大總統布告我國對德國奧國立於戰爭地位並

聲明我中華民國政府仍遵守海牙和平

會條約及其他國際協約顯於戰時文明

財政總長兼鹽務署督辦　梁啟超

中華民國　　年十二月　　日

六

直隸都督馮

通飭事九月二十六日奉

大總統電開協定內政大綱八

條通告宣布等因奉此除咨行

外合行刷印通飭為此札仰該

司即便遵照此札

武昌黎副總統各省都督均鑒民國統一寒害已更應政進行每多濡
緩欲為根本之解決必先有確定之方針大總統勞心焦思幾廢寢食
久欲聯合各政黨魁傑捐棄人我之見商榷救濟之方適係中山黃克
強兩先生先後澄京過從驩洽討論殆無虛日因協定內政大綱
八條質諸國務院諸公亦僉然無間乃以電詢武昌黎副總統徵其同
異庶得復電深表贊成其大綱八條如左一立國取統一制度二主持
是非善惡之實公道以正民國三暫時收束武備先儲備海陸軍人才
四開放門戶輸入外資興辦鐵路鑛山建置鋼鐵工廠以厚民生五提
倡資助國民實業先著手於農林工商六軍事外交財政司法交通皆
取中央集權主義其餘則兼采地方分權主義七迅速整
理財政八竭力調和當見維持秩序為承認之根本此八條者作為國
民共和兩黨首領互相提攜商定之政見本有先例從此進行標準如車有
轍如舟有柁無旁撓無中阻以專趨於國利民福之一途我中華民國
應有豸乎特此通告伏希宣布為幸大總統府秘書廳啟印

為通知事。查平津軍事衛實。現已告一
段落。所有平津各處均已次第戍立治安
維持委員會。員一切治安責任。本局及所
屬鹽務機關。業歸日本駐屯軍接收管理。
各場鹽務仍照舊辦理。仰諉心會轉知各
灶戶等務須各安其業萬勿聽信謠言致干
未便。陳多剔通知外合行通知查照此致

塘沽灘業公會

長蘆鹽務管理局
副局長　鄭梅雄

八月十二

34

長蘆區管理鹽坨章程

第一章　總則

第一條　凡長蘆鹽坨之收放鹽觔及管理事宜均適用本章程之規定

第二條　凡於入坨事務均由鹺務人員處理

第二章　坨務

第三條　各坨鹺務人員應就坨內區分酌位編成號數設立木牌載明關係事項

前項木牌應由灘戶製備之

者得由鹺務處代辦其費用仍由該鹽戶繳還

第三十條　每碼存鹽形狀須堆成長方台形

第三十一條　鹺務人員為撘接坨鹽收發數目管理準單鹽額及考查在途鹽觔應備各種帳表登記之

第三十二條　各坨應備「鹽觔統計揭示牌」一具用以揭載各項重要數目其式樣另定之

第三十三條　每年灘產鹽觔不得摻合堆貯務須按年分清逐年由

第 號　一件

主對永利熱贈□□□□□略署文函

長蘆鹽務稽核分所稿

批　電　呈　敬

總廳

收譯員　趙一鶴

吳大赴稿

送稿
劃行
發媽
印簽

敬肅者案奉

鈞所民國十二年十月四日第三〇五九號山餉
知枰六個月期限由發放永利製驗之司免
稅枰片飛滋等因奉此茲查永利之司宜
□枰署關係該之司將驗用枰熱請敕
□□□銷免稅程限令□硯境該之可运來
該署之原欠及讓欠各一份理合具文轉呈
崇核謹呈

督辦直隸軍務公署訓令　第 號

令長蘆鹽運使張同礼

為嚴令解欵事查本年興以來奉省防務
吃緊所有軍需調防餉糈開拔多費在在
需欵開支浩繁為此嚴令該運使仰即
公欵項下提解現拜拾萬元以濟軍需
限文到日即行妥為撥解勿稍岩緩
倘或有意達延貽誤戎機概定唯該運使
是問凜遵毋違切切此令

中華民國古年十二月二日

督辦　李景林

護 照

長蘆鹽運使張　為

給發護照事　准天津大東商船保險有限公司運商報關貨船航行來往，請另發……

由天津大沽稅關公司運貨前來……相應發給護照行駛，相應發護照為此照仰經過

運使

中華民國四四年十二月十日　右照給

限四日繳銷

連鹽諳合行給發護照為此照仰經過
沿途各關卡一體驗照放行勿稍留難
阻滯以利遄行須至護照者

誠恐沿

公文一件　另應附件一件

東舊官運分局開拆

投呈　轉送揚州鎮

長蘆鹽運司

中華民國二年四月廿一號

財政部令司土令領地方官傔於疏館

號

封

冀察政務委員會　訓令　歙二
690

令長蘆鹽運使公署

案據德興公司協記代表齊協民潘辦府等呈稱：

「竊查公司水鹽劉寶寧等六十二縣引岸，已歷
五載，後辦未久，即值長城作戰，剩八九名屬，淪為災區

其他冀澂兩省引岸，又以水旱頻仍，硝鹽四起，為勢頓
效食仍……旦原業辦理，一面由公司增加新股，續挪挪鋪
以期仰荷高厚成全之至意，為此具伏乞鑒核俯賜
照准，令行長蘆鹽運使遵血辦理呈部備案，並聘

令德與公司查示，實為公便」

等情，據此。除批示諒子備案並轉洛財政部備案外，合亟令

仰該署遵照辦理。並轉飭知照，此令。

中華民國　二十六年一月　拾貳　日

委員長　宋哲元

關名稱　獻縣

呈覆查奔查照駐縣軍隊係第二集團軍
第一方面軍第三軍第十九師師長吉鴻
昌駐防由

第　號呈一件

閱

為呈覆事案奉

鈞府指令第一二三號內開據呈讀縣駐軍業已出境對於盟船已不收捐所
辦甚是惟前駐軍隊究係何營屬於何軍官統未據聲敘仰即查明補
形詳細具覆以憑辦呈此令等因奉此查駐防軍隊係第一集團軍第一
方面軍第三軍第十九師師長吉鴻昌駐防茲奉前因理合具文呈覆
鑒核謹呈

河北長蘆鹽運使錢

獻縣縣長史琬鐘

華北政務委員會公報

中華民國二十九年六月九日　第一期至第六期

04672

特　王揖唐

華北政務委員會公報　本會　命令

華北政務委員會令

華北政務委員會令

華北政務委員會令

華北政務委員會令

華北政務委員會令

委員長　王克敏

委員長　王克敏

委員長　王克敏

委員長　王克敏

委員長　王克敏

第一期至第六期

冀東防共自治委員會公函　財字第二〇號

逕啓者本會於二十五日成立脫離黨治業經通電在案嗣後

貴檔核所徵收本區二十二縣之鹽稅應請暫為保存停止向南

京政府報解侯定妥辦法再當函知設文到後仍舊解送南

京則將來一切責任應由

貴檔核完全擔負持此通知即希

查照辦理並飭轉飭所屬一體知照此致

委員長　殷汝耕

中華民國二十四年十二月　八　日

序

魏四海 *

　　与冯世斌兄共事多年，称得上是相知和老友了。他将在省档案局（馆）长岗位上形成的部分带有研究性的文稿集结出版，一本定名为《触痕河北》，一本叫作《长芦韦编》。临付梓，嘱我写几句话，这真用得上一句古语，"恭敬不如从命"。

　　"一样的燕赵，不一样的河北。"触摸河北省至今不满90岁的身痕，作者以档案为凭，辅以其他史料，借《1928—1949河北省大事记》和《1952—1968河北省会变迁始末》两书的序言为平台等，从河北脱胎直隶切入，对河北建省以来发生的具有重大影响的事件，分新中国成立前后两个时期，用时代的笔触，分别做了独到的思

* 魏四海，时任河北省档案局（馆）长，现任中共河北省委党校（河北行政学院）常务副校（院）长。

1

辨与剖析，其文端透出的借鉴意义，恐是超出了"档案与史"的范畴。作为同是河北土生土长的干部，我为老兄的探索精神感到高兴。当然，触摸这样的题材，见仁见智在所难免。相信他的学研成果，为人们了解河北提供了一把不仅称"冀"，而且更要附称"京畿大省"之省情特征的光束。

我知老兄并非"科班出身"，做档案工作也是"半路出家"。但他在长达8年的任上，干一行，钻一行，尤对堪称"镇馆之宝"的长芦盐务档案，更情有独钟，并提出过许多关于整理与开发的意见。《长芦韦编》收录了他在这一方面的一些文字，作为同行"看门道"，我觉得这也是一件很有意义的事情。听一些同志们讲，老兄任上，常说"客观世界永远走着自己的路，翻档案无非是找准几个路标"，为了与河北师大历史文化学院合作好那套《中国长芦盐务档案精选》，与张继卫等同志，仅对那篇《中国长芦盐务档案研究与利用价值举要》的序言，就反复推敲，字斟句酌达经年。档案的价值在利用。相信作者从政治、经济、军事、文化、外交、法制诸方面列举的种种大用之价值，为社会了解这批档案，利用这批档案，开发这一宝藏，又打开了一个窗口。

两本书的文字都不长，集结起来，也显得粗疏与单薄。但世斌兄说，能保持原汁原味，这些就够了，一可做个纪念，二可与档案同行做个交流。是为序，打住。再祝世斌兄身体健康，笔耕不辍，贡献更多的档文精品，大家一同品鉴。

2016 年 7 月 4 日

目 录

中国长芦盐务档案研究与利用价值举要

　　长芦，是对今河北省唐山、秦皇岛、沧州等地及天津沿海狭长地带的泛称；长芦盐务，系指长芦盐务机构及所辖各个盐场，在盐业生产、运输、销售、税收、缉私、出口等各方面活动的总称。现存于河北省国家档案馆的中国长芦盐务档案，共有 33713 卷，其中英文档案 1828 卷，日文档案 964 卷，排架长度约 710 米。档案起止时间为乾隆十四年（1749 年）至 1949 年，跨度长达整整两个世纪，它不仅是研究近代中国盐业史不可替代的第一手材料，而且由于档案的内容涵盖了当时中国政治、经济、军事等诸多方面，对于了解中国 200 年来特别是民国时期中国社会的变迁与演进状态，也具有极高的价值。2003 年，这批档案以其系统性、完整性、稀有性和时间久远等优势，入选

《中国档案文献遗产名录》。对于中国长芦盐务机构的设置、变迁及其特殊地位、长芦盐务经营模式对近现代中国企业的影响等重大问题，我们将专文予以论述。这里，谨值《中国长芦盐务档案精选》出版之机，择民国时期这批档案的一部，从政治、军事、经济、外交、社会、法律、文化七个方面，做如下举要梳理，以便读者对长芦盐务档案的了解与研究之用。

一、在研究民国政治状况方面

中国历代朝政把持盐，盖因盐关系国计民生，关系国家政局稳定。《长芦盐法志》，详细记载了自顺治帝至宣统帝给长芦下的诏谕 93 条，其中仅乾隆帝就有 11 次。长芦盐务档案大量形成于清中叶至民国这样一个闭关与开放、革新与守旧、复辟与反复辟的社会大背景下，各种政治势力的角逐，自然反映到盐务上来。诚如梁启超于 1912 年曾撰文指出的那样："内政也，外交也，国计也，民生也，殆无不与盐有密切关系。"①

翻检中国长芦盐务档案，涉及的民国政坛风云人物颇多，不仅有孙中山、袁世凯、蒋介石等，黎元洪、冯国璋、

---

① 《盐政杂志》1912 年第 1 期。

段祺瑞、曹锟、陆徵祥、周学熙、李宗仁、阎锡山、张学良、宋哲元、殷汝耕、高凌霨、周佛海、陈公博等，都一一在目。民国初年，由长芦盐运使升任为政府要员的达十数人，如：周学熙（北洋财政总长）、凌福彭（天津知府、直隶布政使）、张镇芳（袁世凯表弟、直隶总督）、汪士元（直隶财政厅长）、言敦源（内务部次长）、张狐（北洋政府盐务署长、稽查总办）、陶家瑶（江西省长）、张廷谔（天津市长）、荆有岩（张学良参谋长、华北财政特派员）等。

民国 2 年（1913 年），袁世凯为登上总统宝座，策动各省督军收买威逼国会议员，炮制"总统选举法"，终于出笼了"组织总统选举会依法选举临时大总统袁公当选为大总统通告"①，这在长芦盐务档案中有着翔实的记录。袁世凯为复辟帝制，与五国银团订立"善后大借款"、导演"国民代表拥戴"及处理宋教仁被刺杀事件的文稿、电报，都相当完整地保存于这一时期的档案里。孙中山发动二次革命前，曾与袁世凯在北京会谈 13 次，其主要成果之一，是中国长芦盐务档案中保存的《协商订定内政大纲八条》②，即

---

① 卷 12-777。

② 卷 7-372。

"一、立国取统一制度；二、主持是非善恶之真公道，以正民俗；三、暂时收束武备，先储备海陆军人才；四、开放门户，输入外资，兴办铁路、矿山，建置钢铁工厂，以厚民生；五、提倡资助国民实业，先着手于农、林、工、商；六、军事、外交、财政、司法、交通皆取中央集权主义，其余斟酌各省情形，兼采地方分权主义；七、迅速整理财政；八、竭力调和党见，维持秩序，为承认之根本。"这个大纲真实地反映了时孙中山谋划建国方略的架构。

民国时期曾经轰动一时的"蒋介石绑票案"，其原始的档案文件，也保存在中国长芦盐务档案中。1928 年 10 月 19 日，天津市公安局奉南京蒋介石密电，将长芦纲商纲总郭春麟、李宝诗、王益宝、杨承昭、李玉麒等五人逮捕。从"五纲总被捕案"[①] 档案中可清楚看出，该案缘起，是纲商李廷玉以"积弊太深，妨碍民食"为由，想借蒋介石之力独占盐利丰厚的津武口岸。

1935 年前后，日本侵略军开始进入长城以南地区，民族危难空前，蒋介石仍坚持"攘外必先安内"，于是酿成了震惊中外的"西安事变"。1936 年 12 月 12 日事变发生后，国民党中央常委连夜召开会议，"主战派"随即做出"张学

---

① 卷 9-468。

4

良叛国处置办法"，称："张学良十二日通电叛国，殊堪痛恨。查该员奉职无状，原在中央曲予矜全、冀图后效之中。劫持统帅，妄作主张，形同匪寇，应先褫夺本兼各职，交军事委员会严办，所部军队归军事委员会直接指挥……"①此类档案文件，对了解"西安事变"全貌又提供了一个重要窗口。

1935年11月25日，河北省滦榆区行政督察专员殷汝耕，在日本驻屯军唆使下，于通县宣布成立伪政权"冀东防共自治委员会"。档案中保存的由殷汝耕签署的"冀东防共自治委员会公函"称："本会于二十五日成立，脱离党治，业经通电在案。嗣后贵署征收本区二十二县之盐税应请暂为保存，停止向南京政府报解，俟定妥办法再当函知。设文到后仍旧解送南京，则将来一切责任应由贵署完全担负。"②这是殷汝耕伪政权建立后即控制冀东二十二县的铁证。此外，长芦盐务档案中，还存有"冀东防共自治委员会""冀东防共自治政府""华北政务委员会""中华民国临时政府"和"冀察政务委员会"形成的大批文件，如：冀察政务委员会给永七引岸的指令、临时政府发布的各种例

---

① 卷17-663。

② 卷21-1345。

令、临时政府委员高凌霨兼任赈务委员会委员长等，对于研究抗战时期伪政权建立与沿革都极为有用。

二、在研究民国军事状况方面

盐，在军事上的作用，一是作为制造军火的重要材料，使得产盐区域成为兵家必争；二是盐利丰厚，攫取以作军资；三是以盐作为封锁的军事手段来使用。民国时期，军阀割据，战火连连，长盐特别是盐税，为各方军事力量争夺的焦点。

1919年10月2日，时任直隶督军的曹锟，给长芦盐运使丁乃杨去电称："执事莅任卤务已将一载，中央财政奇窘，所有本军饷项已数月未发，迭电告急，无论如何为难，务于中秋节前措办解保，用济眉急。"[①] 袁世凯死后，积怨已久的直、皖两系北洋军阀大战于京、津一带，战至尾声，双方后续军备殆尽，时任直隶省长的曹锐（曹锟弟），再向长芦盐运使公署借款200万元，长芦盐运使不敢做主，即发电请示北京盐务署，称："署密，顷准曹省长面商，以现值军事倥偬，饷需紧急，于盐款项下借拨二百万元以资接济等语，伏乞钧署力商总所迅予拨济，不胜急切待命之

---

① 卷8-457。

至。"①1924年1月，段祺瑞任命在直奉大战中立下汗马功劳的李景林为直隶督军，后又特任李景林督办直隶军务，1925年12月2日，李景林为筹措军费，"令长芦盐运使张同礼：所有军队调防，饷糈开拔各费在需款，开支浩繁，严令将公款项下提解现洋拾万元以济军需，限文到日即行如数报解，勿稍延缓，倘或有意违延，贻误戎机，定唯该运使是问，凛遵毋违。"②这一道道措辞严厉的电文，充分说明了北洋军阀对长芦盐务的依赖与控制程度之甚。研究北洋军阀的兴衰，无不与长盐有着密不可分的关系。

1927年，北伐战争开始，直隶督办褚玉璞向长芦盐务稽核分所提出，扣留部分芦盐税作军费之用。日、英、法三个债权国得悉，即由日本驻华公使牵头，出面干预，最终扼杀了褚玉璞扣留长芦盐税的企图。后褚玉璞又以直隶省长名义令长芦盐运使任师尚，因"前方军队需用大批饷项，……令仰该运使查照协同财政厅妥商筹借。切速此令。"③后直鲁残军溃散于长芦一带，"肆行抢夺盐坨，强取汉沽盐斤"，以作垂死挣扎，时国民政府国防部长白崇禧在《关于肃清关内直鲁残军军事报告》中，要求中央政府干预

---

① 卷8-556。

② 卷8-1034。

③ 卷9-34。

地方控盐以断其生路，而当时的河北省政府迫于军阀势力，竟"函津东各县人民价领直鲁残军强派盐斤不得按照私盐处罚"。

1930年4月3日，中原大战在即，阎锡山以中华民国陆海空军总司令部的名义，以长芦盐税为抵押，与山西省银行签订借款合同："兹因蒋中正失职，本总司令迭受各将领各团体之推举，会师讨伐，以奠国本。惟需款浩繁，本总司令未就职以前业由省行陆续浮借银元五百六十四万五千五百元，兹与省行正式订立借款合同，……指定长芦盐正税除拨补平津卫成经费外，尽先偿还"①。接着，阎锡山就密电财政部河北财政特派员公署，向长芦盐运使公署发公函："……按月照交北平山西省银行并转知长芦盐运使知照……"②在这一时期，混战于中国北方的各方军事力量，还采取对长芦加征"军事特捐""军事附捐"等办法，敛取盐税以用作军费。如鹿钟麟以中华民国陆军第二方面军总司令名义发布的"关于由津运盐赴豫一事倾经阎总司令规定陆运每包加收军事捐六元"、中华民国陆军第四方面军军事附捐等文件，都属于这一类型。

---

① 卷9-1121。

② 卷9-1121。

七七事变后，国民党军队于 1937 年 8 月，建立了后方勤务部，1946 年 2 月改组为后方勤务总司令部，1946 年 5 月，又对军事机构进行改组成立联合后方勤务总司令部。中国长芦盐务档案中保存了多卷国民党"后方勤务总司令部"和"联合后方勤务总司令部"及其下属兵站、补给司令部等关于军盐供应的档案文件，还保存长芦与其他军事机关往来的档案文件多种，如北伐革命军总司令部、平津卫戍司令部、国民革命军第二集团军（冯玉祥）、第一方面军第三军十九师（吉鸿昌）、蒙古军司令部、河北先遣军第四支队司令部、北平警备司令部、天津警备司令部、东北保安司令部、陆军总司令部、北平宪兵第十九团、华北"剿匪"总司令部、察省蒙边"剿匪"第一路司令部、美国海军司令部等，这对全面了解抗战时期错综复杂的国内外军事关系提供了直接的证据。

　　第二次国内革命战争时期，蒋介石在对中国共产党领导的中央苏区进行军事"围剿"的同时，实行了严密的"食盐封锁"。"关于对中央苏区进行食盐封锁的电报"，[①] 记录了当时国民党政府专门对福建同安、莆田等地下令严禁食盐运往苏区的史实。至于华北沦陷，日军占领长芦，疯

---

① 　卷 17-1304。

狂掠夺芦盐的情形，长芦盐务档案亦记叙得相当清楚。仅在民国 33 年（1944 年）6 月的一份文件中，就记载了日军天津甲第一八二〇部队一次掠走"军盐" 11500 吨[①]。

三、在研究民国经济状况方面

税收是国家财政的最重要支撑。长芦盐务档案的颇多记载，直接反映了长芦盐税在国家经济运行中的举足轻重和特有的"小金库"作用。如，在清代，除以长芦盐税收入供军政费用外，还规定，每年由长芦盐课项下报解内廷银一万两，作为补助内务府经常开支费用。甚至还规定了，皇帝制作官服及皇室丧葬一切花费，也均由长芦盐课下开支[②]。据笔者统计，民国初，全国盐税的预算，占全国税收的 24%，而长芦盐税，竟占全国盐税实收额的 60% 之多。此种有关内容，对了解和研究近代中国财政经济运行状况具有其他资料不能替代的意义。限篇幅举三例为说明：

1. 从长芦盐税税目及税率的变化，可看出中央对盐业的盘剥与时俱重。"盐税"，作为一个正式的名称，始于宣统三年（1911 年），由清政府总理全国盐务的机构"督

---

① 卷 3–814。

② 《文史资料选辑》第四十四辑。

办盐政处"①归并各项税目，才统称"盐税"。"征收灶课办法""征收灶课困难情形拟订整顿办法"以及各种年度、月份"灶课清册""灶课簿"等文件，反映了这一时期盐税征收的特征。1913 年，民国政府颁布《盐税条例》②，进一步规定正税包括正场税、销岸税两种，除此以外，将中央附加税明确为中央附加、外债税、整理费、地方征产捐、销地捐、销地整理费六种；规定河工捐、产地捐、加征产捐、销地捐、军事特捐、缉私捐等为地方附加税。可见，在民国初年随着国家对盐税的依赖进一步加重，税负也比清代更重。到 1937 年，芦盐正税增至 8 目，计有中央正税、外债附加税、销税、永定河工捐、征产捐、军事特捐、缉私捐、临时整理费。至于长芦盐税的税率，其变化是这样的：1913 年，长芦盐税税金按银元计算，除永平七县定为每担 1.50 元外，其余各岸概定 2 元；1921 年 8 月增至 3 元；1925 年，每担正税也增至 3 元。除外还规定，河北省于每担盐中可附捐永定河工捐 5 角，销地捐 1 元，销地附捐 1元，军事附捐 1 元。从 1946 年到 1948 年 8 月，民国政府对芦盐税率又做了 6 次调整，规定每担税率为金圆券 8 元，

---

① 《清史稿·志九十四》。

② 案卷 8-318。

另加征盐场建设费 0.2 元，税本保障费 2%，即 0.16 元，华北自卫捐 8 元，合计担盐 16.36 元。此一状况，彰揭了国民政府晚期物价飞涨、通货膨胀的情形。

2. 从盐务机构与各金融机构的往来，可看出国家经济政策的多变与混乱。长芦盐区在不同历史阶段，与国内外各类实力财政金融机构均有业务往来。在清代，其与往来的金融机构，主要有北洋保商银行、信成银行等；在民国初年，其与往来的金融机构主要有金城银行、边业银行等；在民国抗战这一特殊时期，其与往来的财政金融机构甚多，主要有中央银行、河北省财政特派员公署、国民政府财政部驻冀鲁察热区财政金融特派员办公处、中国联合准备银行以及日本的正金银行、朝鲜的朝鲜银行、中法工商银行等。除此外，一些金融机构还在长芦设立了办事机构，如中国银行就在长芦设立了"收税处"。与这些金融机构往来产生的档案文件，远远超出了其业务经营范畴，涉及了当时的币制改革、外币汇兑等重要金融政策的调整。如"财政部关于修正银本位币铸造条例条文、银元兑换券辅币条例""小额纸币及辅助硬币之整理办法""美金公债检发条例""金融公债条例""中央银行函复本行美金汇率""奉令关于禁止美金、英镑、港币等敌性通货买卖汇兑及携持一案饬行有关机关遵照"等。

3. 从长芦盐务档案保存的稀有文件，可窥见当时民族工业和官僚资本的萌动形成。"实业救国"思潮，发端在洋务运动，民国成立前后，兴办民族工业始盛萌动。长芦盐务机构重重，既负责对各级"盐官"及各个盐场的管理，又负责对盐的经营，其形成的档案，既保存了它活动的各种各类文件，又保存了与其关联众多的工商业史料。如民国实业家范旭东以及他所创办的"久大精盐公司""永利制碱公司"的大量档案文件，都完整保存于其中。范旭东（1883—1945），字明俊（后改名为范锐，字旭东），湖南湘阴县人，毕业于日本京都帝国大学化学系，堪称"中国民族化学工业之父"。 毛泽东曾说，中国实业界有四个人不能忘记，"搞重工业的张之洞，搞化学工业的范旭东，搞交通运输的卢作孚和搞纺织工业的张謇"。由他创办的两公司，分别于1914年和1917年创立于长芦的塘沽。1926年，永利碱厂"红三角"牌纯碱在美国费城万国博览会上荣获金质奖章。新中国成立后，两公司在公私合营中改为国营。有关两公司在生产、经营、管理等方面形成的档案文件均极为珍稀，全部存于长芦盐务档案中。辛亥革命后，北洋政府官僚政客为谋暴利，纷纷投向盐务经营，盐务档案保存了潘复（民国末任总理）、吴毓麟（北洋交通总长）、张英华（北洋财政总长）、张学良以及曹锟家族插手、经营的德兴公司、蓟裕公司的大量文件，对了解民国时期官僚垄断资本的形成过程，也提供了不可多得的借鉴。

四、在研究民国外交状况方面

弱国无外交。袁世凯上台后，利用外国势力加强对国内政治的控制，盐，成为袁氏取悦外国并与列强讨价还价的重要砝码。1913 年 4 月，袁世凯派国务总理赵秉钧为全权代表，在北京汇丰银行大楼与英、法、德、俄、日五国银行团签署《中国政府善后借款合同》(史称 "善后大借款")[①] 就是以盐税为主作押的。合同规定：借款总额为 2500 万英镑，年息 5 厘，期限 47 年；借款以中国盐税、海关税及直隶、山东、河南、江苏四省所指定的中央政府税项为担保。特别条件是：今后未经银行团允许，不得向他国借债，并由外国人参加盐税征收；各产盐区设稽核分所，设中国经理、洋人协理各一员；人员的任免由华洋总办、会办会同定夺；盐区之盐纳税后，须经华洋经理、协理会同签字后方可放行；盐务进款存于指定银行，非有总办、会办会同签字的凭证不得提用。从此，中国盐政与海关，一并沦于帝国主义控制之中。长芦盐务档案中的 1828 卷英

---

① 《中国盐政实录》。

14

文档案，大多就形成于"善后大借款"后的长芦稽核分所时期。

1914年8月，第一次世界大战爆发，8月6日，中国政府公布《局外中立条规》[①]二十四条，规定"各交战国在中国领土领海内不得有占据及交战行为，凡中国海陆各处均不得倚之为根据地以攻击敌人"等，由于长芦此时正处"稽核分所时代"，驻有各国洋员，故8月15日，将军衔督理直隶军务巡按使朱家宝特移文长芦盐运使，特补充，"各洋员无论为交战国人与非交战国人均转饬一体遵守"。从档案中可以清晰看出，中国政府虽欲在欧战中保持中立，但由于德国坚持"潜艇攻击政策"，段祺瑞于1917年3月14日被迫宣布与德国断绝了外交关系。有关与德国断交的移文、电报、训令，与德断交后指定天津为警备地域并派充天津警备司令官杨以德用戒严法行使职权的咨文，以及财政总长兼盐务署督办梁启超关于对德、奥宣战后应遵海牙和平条约的令、解除德奥敌侨办法等一系列全套档案，均完整地保存于长芦盐务档案中。

陆徵祥，北洋政府内阁总理、外交总长。陆氏一生所干两件大事，均可视为民国初年外交状况的缩影。一是

---

① 案卷7-1289。

15

1915 年他代表袁世凯与日本签订丧权辱国的《二十一条》，一是 1919 年他率领中国代表团赴欧出席"巴黎和会"时为争国家权益拒绝在和约上签字。长芦盐务档案中，将陆氏根据在欧洲见闻所写的"谨陈管见"①保存得十分完整，此件详叙了陆氏"到欧之后，随时留意观察，人民则减衣缩食，撤乐止宴，烟纳重捐，酒受历禁"等，据此，陆氏提出了"爱国心"的重要性，"征祥独以为可忧者在于爱国心而不在于乏财用也"，并且指出"今日欲整顿财政，宜自节省靡费始"。由于陆征祥此呈"深有见地"，故被大总统袁世凯"饬即京外各衙门一体查照"。

第一次世界大战结束后，美、英、日等帝国主义列强为重新划分势力范围，于 1921 年 11 月 12 日至 1922 年 2 月 6 日，在华盛顿举行"华盛顿会议"，讨论"关税自主，裁撤厘金"等，由于在中国问题上意见分歧不欢而散。到 1927 年 1 月，中国政府没有再等关税会议复开，开征了二五附加税，这一举措，被当时媒体称为"外交上的一道光亮"。长芦盐务档案中，保存有开征二五附加税和建立有关机构的档案文件多件，如"大总统令民国十一年华盛顿会议缔结九国间关于中国关税税则条约第三条规定，在裁

---

① 案卷 7-1289。

撤厘金以前，对于应纳关税之进口货物得征收附加税，应一律按值百抽二五，奢侈品得按值百抽五。海陆边界同时施行，自应依据条约精神完将前项进口附加税，自民国十六年二月一日起分别征收……"①等。

1931 年"九一八事变"后，日本扶植前清废帝爱新觉罗·溥仪建立了伪满洲国，并成立了外交部，1937 年，改为"外务局"，1942 年，又复称"外交部"。有关伪满洲国在南京开设"驻扎中华民国满洲帝国大使馆"、在天津开设"驻在天津满洲帝国总领事馆"、在济南开设"驻在济南满洲国领事馆"（并附领事名单）等档案文件，均为了解伪满洲国成立与解体提供了直接的证据。此外，还保存有驻津各国领事馆等外交机构，与长芦往来的档案文件及其他"涉外"档案文件多种多类，如民国 16 年（1927 年）"驻津美国总领事函以美商白兰洋行拟运美国制造食盐来津"（中英文）；日本驻津总领事与意大利驻津总领事关于稽核分所房屋问题的往来文件；德国驻津总领事与长芦盐务局关于泰隆洋行往来文件；驻津英国总领事与长芦盐务局关于购运硫酸往来文件；长芦盐务管理局关于日本大使馆来函调查华北盐务情形做有关准备给丰、芦两场的函、"外交部电

① 案卷 9–34。

开日本国皇薨逝应先下半旗二十七天等事卷"等。

五、在研究民国立法状况方面

长芦盐务档卷，涉及盐政及各行业的法规性文件近千种。从中可以看出，史上泛称的民国立法，大体可分为宪法、法律和命令三层；法律的名称分为法、律、条例、通则四种。其中，法为一般规定，条例为特别规定，律为战时之用，通则为规范组织之使，命令为行政机关发布之具体办法。

南京国民政府时期，为了加强食盐生产的管理，在立法上，除沿用北洋政府时期的《制盐特许条例》《制盐特许条例施行细则》外，又陆续制定和颁布了《检查食盐章程》《精盐通则》《盐场管理通则》等一系列法令法规。这些法令法规对食盐的制造、收储、运销和质检等，都作了详尽的规定。在盐务缉私方面，南京国民政府除沿用北洋政府的《私盐治罪法》《缉私条例》外，先后颁布了《海关缉私充赏办法》《财政部盐务署缉私视察员简章》等，主要从加强缉私机关队伍的建设和查缉私盐两个方面来规范和加强缉私事务。在任用人员方面，还制定有《财政部盐务署直辖机关所属局长任用暂行章程》《场长任用暂行章程》《财政部盐务署直辖机关长官造送月报逾限处分章程》等。

中国有正式的盐法，当是 1936 年 5 月 30 日国民政府公布的《盐法》①，此前，只有税制而无盐法。这也是中国长芦盐务档案提供的直接证明。该《盐法》共 7 章 39 条，计有总则、场产、仓坨、场价、征税、盐务机关、附则等。《盐法》规定，盐务的大政方针是："盐就场征税，任人民自由买卖，无论何人，不得垄断"，并在"附则"中特别规定："自本法施行之日起，所有基于引商、包商、官运官销及其他类似制度之一切法令一律废止"。这部《盐法》的公布具有重大影响，被称为"《约法》外第一事"②。但由于当时社会各主体间错综复杂的利益交织与博弈，南京国民政府治理下的民国，对《盐法》最终没能施行。抗日战争爆发后，国民政府于 1941 年 5 月 26 日，在重庆公布了《盐专卖暂行条例》③，10 月 5 日，又由财政部公布了《盐专卖暂行条例施行细则》④，进一步规定：盐之专卖权属于国民政府，具体专卖事业由财政部盐务总局办理，全部收益归国库；凡未经政府许可，盐不得由国外输入或向国外输出，也不得由重庆国民政府统治区域以外的国内其他区域输入

① 案卷 10-474。

② 张荣生《中国历代盐政概说》。

③ 案卷 1-1075。

④ 案卷 1-1075。

或对之输出。事实上，这个条例与细则，使盐重归政府垄断，但须指出，此一举措，对于保证后方民食、前方军用、充裕战时财政起到了一定的积极作用。

长芦盐契，是中国长芦盐务档案给今人提供的别具一格的具有法律意义的文书。观这种契约，既保持了传统契约的特点，又具有现代合同的成分。主要体现为，合同的文本更为规范，对契约双方的责权利及担保各方的要求等，规定得更为严密与对等。如民国32年滩主张绍华与李树林所立滩契，订立契约双方、中人、代笔人不仅均使用了印章，而非用旧式手印为凭，而且还进行了挂验、备核并使用了印花税票等。与大量盐契相伴，民国初年的许多房契、地契、白契、红契、卖契、当契、典契、文契、借契、租契以及甘结、票、照、证、保证书，也都颇具这些时代的特征，为研究民国时期民间的契约往来，提供了鲜活的例证。

六、在研究民国社会状况方面

包罗万象的长芦盐务档案，又将民国时期的社会状况，如宗教信仰、民俗礼仪、慈善赈济、盐业黑幕、人丁户籍等，做了缤纷的反映，称其为了解和研究民国社会问题的"百科全书"也并不过分。如，袁世凯，自己虽然是一个被当时和后代均所指诉的人物，然其在当上民国大总统后，却极力鼓吹"孝悌忠信礼义廉耻人道之大经"，并于民国元年，以大总统令的形式发布了"申明孝弟忠信礼义廉耻以提倡天下挽回薄俗"[①]。再如，蒋介石，虽大力推行过"新生活运动"，要求民众做到"生活艺术化、生活生产化、生活军事化"，但从长芦盐档所保存的有关这方面的大量文件看，其中的颇多"倡导"，实多中国传统礼俗之类，新意乏陈且不具有可操作性，其不了了之也成必然。

长芦盐务档案，记载有"九一八事变"东北沦陷后国民党的官僚政客和社会名人在北京等地多次举行"法会"，祈祷"解救国难"的内容，读后令人啼笑皆非不说，实反映了这一社会阶层对抗战绝望空虚的心境。如 1934 年 4 月，戴季陶、段祺瑞等，发起请第九世班禅喇嘛于 4 月 28 日至 5 月 18 日，在杭州灵隐寺举行"时轮金刚法会"，说"今则人心浸浸以衰矣！非仗佛力之加被，未由消此浩劫"。中国长芦盐务档案保存了有关此次"法会"形成的《时轮金刚法会缘起》、"为启建时轮金刚法会请输财助力由""时轮金刚法会改期通告"、《班禅国师开示录》[②]等多种。

---

① 案卷 7-797。

② 案卷 10-512。

烟毒，一直是近代中国的一大社会问题。1935 年 4 月 1 日，蒋介石以委员长名义向全国发布"禁烟通令"，宣布"三年禁毒，六年禁烟"，同时公布《禁烟实施办法》与《禁毒实施办法》。这些办法包括日后形成的"国府依全国禁烟会议议决制定调验公务员简则""公务员限期戒烟办法""禁烟联合会历行禁烟简章""长芦盐务管理局奉发修正及制定禁烟禁毒办法"等，今均一件不少地保存在长芦盐务档案中。看一部民国史，岂止禁烟禁毒不能有效，其他社会丑陋现象比清末有增无减，但作为执政者在这一方面的努力应予肯定。另外，关于"奉令先总理灵柩奉安于首都之期属时举行隆重典礼"件、李宗仁"认购蒋百里先生文选"件、张学良"准德兴公司包办长芦盐运署洪运使知照"手谕件等，对了解当时的社会俗情均有重要参考作用。

七、在研究民国文化状况方面

文字，可说是人类最初文明的标志与载体；用语，反映了文化的传承与进通。辛亥革命起，清廷被推翻，随之而起的"五四新文化运动"，提倡"白话"、简化汉字、推行横写、规范用语等，是胡适、陈独秀、钱玄同等文化先驱改革中国旧文化的重大贡献。长芦盐务档案多卷种，直接形成于这一社会文化大变革的浪潮中，其案卷形制及卷内文稿的格式及书写等，可说是五花八门，林林总总，文言、半文言、白话杂陈；中文、英文、日文同卷，显示出了民国时期文化独有的新旧冲突。

盐业，既不同于农，又不同于工。经过长期历史打磨，到清至民国，关于盐的独特行业称谓，就是一种"文化"的反映。如：盐的"产、运、销"，叫"灶、官、商"；储盐仓库叫"盐坨"；盐的转输叫"集运"；盐的检查叫"掣验"；盐的度量单位叫"引"（每"引"400斤）；盐商买卖的合法票据，叫"盐引"；盐商的销售区域范围，叫"引岸"；完税后的食盐叫"纲盐"；运销纲盐的盐商叫"纲商"，盐商中，在盐场立垣向灶户收盐者谓之"垣商"；向销区行盐者谓之"运商"；占岸者曰"业商"；租引者曰"租商"；代租商办运者曰"代商"等。这些盐业的行业用语，到新中国成立后，才逐渐废止不用。如不加以研释，今读者看那些档案将一头雾水。

中国传统文化体系将服饰包括在内，每次改朝换代，统治者都要"改正朔，易服色"。民国元年10月3日，临时大总统袁世凯向全国公布了民国《服制》①，规定男子礼

---

① 案卷7–396。

服分大礼服和常服两种，大礼服料用本国丝织品，色用黑；常服两种，分西式和袍褂式，色用黑，料用国产丝、毛织品或棉、麻织品。女子礼服一款，上用长与膝长的对襟长衫，下用长裙，衫裙均加繍饰。民国《服制》还对礼帽、礼靴做了具体规定，档案中保存的民国服制图式和李思浩、冯国璋、杨寿栅等关于"服制"的令、训令等，对今读者了解"易服"的不易，提供了十分难得的佐证。民国元年，袁世凯还公布了民国《礼制》①，规定："男子礼为脱帽鞠躬；庆典、祀典、婚礼、丧礼、聘问，用脱帽三鞠躬礼；公宴、公礼及寻常庆吊、交际宴会用脱帽一鞠躬礼；寻常相见，用脱帽礼；女子礼，寻常相见，用一鞠躬礼。"《礼制》用法律的形式，确立了新式礼节的合法地位，自此，跪拜、请安等礼，为脱帽、鞠躬等所替代。确定"国歌"并奏国歌，也始于民初，为此，民国八年，北洋政府制定了《国乐敬礼规则》②，规定：

1. 凡遇国家庆典国乐发声无论何人即需肃立静听，乐毕始可语言行动；

2. 国乐不准同日同地奏乐两次；

---

① 案卷 7-396。

② 案卷 8-493。

24

3. 国乐须由始至终一气奏毕，不得中止；

4. 国乐发声无论何人均应脱帽肃立；

5. 将奏国乐时，设有因急务行动而未能即行肃立者、掌乐令者应暂缓奏乐。

应当说，于民国初年出台的这一系列文件，反映了近代中国礼仪文化的进步。

最后，特别要一提的是，在长芦与内外各方的文书信件往来中，贴印的许多邮币、证章，以及浩繁的票照、回执等，其本身已成为"不是档案的档案"，其文化价值，甚至比一些档案更重要。如，清蟠龙邮票，是 1896 年 3 月 20 日大清邮局脱离海关由皇帝御批正式发行的中国首套邮票，它在国内外拍卖市场早已价值难估。其他，如"帆船票""孙中山头像"邮票，与各国通邮的邮票，件件都可说是极具收藏与观赏性。实寄封，是中国长芦盐务档案中收藏价值最高的邮品，如面值一分 2 枚蟠龙邮票的"宣统二年永平正堂府寄临榆"实寄封、面值 2 分 4 枚加盖宋体"中华民国"蟠龙邮票的"长芦盐运司寄给东旧官运分局"的实寄封等，对研究中国邮政史和邮票史有重大帮助。长芦盐务档案中的大量印花税票，包括冀东印花税票、满洲印花税票；长芦盐务档案中的纸币样本票，包括民国 15 年直隶省银行发行的面值一角、贰角本票、民国 23 年河北省银行发行的面额五角、一元样本票、民国 19 年陆海空军总司令阎锡山批准发行的面额一角、一元、五元战时通用票等等，都堪称是世人难得一见的、折映了浓浓民国特色文化的弥足珍贵之品。

承蒙河北师范大学历史文化学院王宏斌先生启合编之热意，更著中共河北省委常委、河北省人民政府常务副省长付志方励勉之盛力，赖河北省档案局（馆）和河北师范大学历史文化学院各位同人、专家携手磋研，本书历经三载，终与读者见面，慰藉草书是为序。张继卫同志为该文的成稿做了大量工作，在此也一并提及。

2009 年 12 月 6 日

于平山县战备后库办公室

（原载于《档案天地》2009 年第 12 期）

关于中国长芦盐务档案分类的两点考虑

　　这两天召集有关人员连续开了几次会，就是讨论关于长芦盐务档案的整理问题。要建立长芦盐务档案整理领导小组和办公室，在人员上，无论干什么工作，在哪个处，集中全体人员，能用的人全用上。我又翻了几本打印出来的目录，有了新的想法。案卷级的目录要重新整理，形成文件级目录先从整理那 16 万条开始，再加上翻译，我们这就算起步了。

　　关于长芦盐务档案分类，如何分？我现在讲两点。

　　一是，先对 16 万条进行分类，把日伪时期的归为一类，上限至《塘沽协定》，下限至 1945 年日本投降，这些有多少，先整理出来。我看了那 16 万条，时间是 1904 年至 1951 年，如能把日伪时期的长芦盐务档案单独分一类出来，不管在哪一本目录里，统统弄到一块儿，这就是大功一件。二是，分类不可能一次完成。横分、竖分，过筛子、过罗，如不反反复复多做几遍，这个作品就完成不了。当年老先生们分到这个程度，已是很不容易了。今天我们搞分类，应当比先人搞得更准确、更科学、更便于利用才是目的。

刚才说到了从《何梅协定》或者《塘沽协定》算上限，到日本投降为下限。先把这16万条当中的档案归一类，这叫分大类，又叫对这一特殊时期的档案先分一大类。从标题看档案，混乱主要混乱在这一特殊时期。按这一思路先去分，与按时间先后顺序分，并不矛盾。按时间的先后进行分类，这个话，大概在2009年我说过，在2010年我说过，可是听到的范围很小，或是人员少，或是说过了大家没有引起重视。其实整理的关键是分类。按照时间先后顺序进行整理分类，有没有根据呢？有根据。最近我说过的那个李保平主任，想和咱们合作，或让咱们提供开滦煤矿史料汇编有关咱们馆存的史料。他们年前到北京，跟戴逸等先生们，进行了一下商谈，形成了一个工作方案，这个工作方案里面有一条，我觉得挺受启发，和我原来所想的，能吻合。他这里面，第四条是商定编纂体例，"根据清史编纂委员会的统一要求，确定该书的编纂体例，按现存档案的体裁分类，以时间为序整理编纂。"戴逸先生编书，编开滦档案，有关方面的专家还提出了这个方案呢。这档案时间久了，多啊，浩瀚如烟云哪。分类确实是很难的事情，我觉得最笨的方法可能也是最有效、最聪明的方法，按时间先后排下序来。行不行呢，人家这不是说了吗，"按现存档案体裁分类，以时间为序整理编纂"。我们呢，也可以先按着这个路子进行。刚才讲过，过了筛子又过罗，要横着分，竖着分，"横看成岭侧成峰"，以时间为顺序，最简单，也最明了。其实，刚才说的，先把日伪时期的这些档案合成一块儿，合成几集，与时间先后这是一致的，如果照此来想，来构思，这样分大类的思路应当越来越清晰：第一类，清朝时期，或叫晚清时期；第二类，民国时期；第三类，日伪时期；第四类，解放战争时期，或称第二次国内革命战争时期；第五类，新中国成立时期。按时间，就是这么五段，应当是相当清晰的，这是纵向地看。要横向地看，上午也说过，过去也多次说过，分政治类，军事类，经济类，管理类，法制类，外交类，文化类，凡是包不了的，其他类，那也是一种分法。但是，无论纵向看，还是横向看，都应统一在按时间先后顺序这个大思路内。究竟哪一种分法科学呢，哪一种分法便于利用，受后代人和读者欢迎，这都在整理过程当中能体会出来。我觉得分类的思路越来越清晰，就先从整理这 16 万条开始，把里面日伪时期形成的长芦档案归出一大类来。通过做这项工作，积累经验，对其他就越来越熟悉，越做越顺手。综合分析、比较、鉴别，从而形成一个比较科学的长芦盐务档案的分类。

（选自与工作人员的谈话录音整理稿，2010 年 2 月 18 日）

长芦盐务档案极具文化开发价值

　　服务是档案工作的立身之本。两个多月前，赵勇常务副省长来我局馆调研，对全方位提高档案工作水平提出了新的要求。我们正在逐项认真地贯彻落实。落实赵勇同志的讲话，关键是真正吃透精神实质。比如，赵勇同志关于"档案文化产业""档案工作要有一种独特文化"等表述，之前，我们从局长到各级人员，有谁认真想过它？其他，如服务"三个执政"、加强"三个能力"建设等，更是我们必须要深刻理解和全力推进的长期重大战略任务。

　　说档案编研，我们熟悉。搞档案编研，是我们的传统，是档案工作服务大局、服务社会、服务民生的重要手段与窗口之一。总结多年来的工作，前几年我就意识到，编研的风气不浓，成果不丰，特别是"研"与"编"相比，重编轻研，"研"的意识和能力均较低等。无论怎么说，我们应当承认，编研意识陈旧、手段单一、成果"含金量"不高，远达不到档案文化产业、产品程度。切实加强编研开发工作，把传统的编研观念，提升到档案文化产业的高度，对我们来说，不能不是认识上的一场革命。

认识是行动的先导。对档案资源进行专题开发、在档案数字化开发利用上创新，这些，都事关档案价值的展示与价值实现，事关档案服务水平的高低，事关档案在全省经济社会发展中的贡献率。要在认识上开展自我革命，每位同志，都应进行反思，都要有一种强烈的责任冲动。如不承认我们的意识和工作确实落后，思路是打不开的。

无独有偶。在 2010 年 12 月 14 日召开的全国档案局馆长会议上，国家局局长杨冬权同志在总结"十一五"工作，部署"十二五"任务时，在谈及档案的信息开发与服务方面，连续、多次使用了这样的词汇："档案文化出版物""档案特色文化""档案工作的文化功能""档案文化精品""制作档案电视节目""开发网络文化产品""发行档案音像制品"，等等。细品杨局长所讲和赵省长的要求，真有一种"英雄所见略同"之感。

何谓文化产业？我们先不要去咬文嚼字，从《档案法》把档案部门定位为文化机构，你就可以得到启示。讲档案文化产品，大家当无疑义。但，既讲产品，就要讲投入、讲成本、讲效益、讲市场占有率等，对此，我们有多少同志能够切实认识？没思考、没认识，这就是差距。解决这个差距，就要学习，要实践，要观念更新，说重一点，就是观念革命、革新。这就没有什么难理解的。

长芦盐务档案，我们已经在开发利用过程中，但只是个开始。开滦这个事，当时汇报我并没有说，但这几年跟开滦并没少接触，曾经想与开滦共同搞一部《从开滦走出的美国总统》。赵勇副省长讲话时，把开滦也提出来了。春节前我总想找机会去趟唐山，重点是再去开滦，深入探讨对开滦档案的联合开发问题。正谋划着，这不，原河北出版总社副社长、现任省国资委副主任李保平同志找到门上来了。几天前，我俩同在省政协会上，他跟我说，国家有一个重大课题，由我国著名的清史专家戴逸先生主持，几年前曾派人到过我局馆，说有部分开滦档案在我馆内，把这些档案和开滦的档案合起来，搞一个大汇编。我想了想，不记得有人来联系过。但听李主任这一说，我当然很高兴，即商定我俩会后尽快再谈一次。由省档案局、开滦集团、省国资委三家合作，我让他提一个联合开发的方案，根据方案再研究。这是我们本来就想的，赵省长又提出来了，现在又有人找上门来了，几个条件凑在一起了。开滦档案开发，是重大题材，有重大意义，一定要搞，搞大、搞好、搞出个名堂才是。对此，我们不应光是个参与，应当全面、主动负好我们应负的责任。这个课题的档次很高，在国内肯定会产生大影响。现在我正等李保平主任拿方案。

提起长芦盐务档案的利用开发，我觉得有很多话要说。长芦盐务档案，可以说是我省的镇馆之宝，说"国宝"，它也是够格的。与师大的合作出版，如果不是师大方面最近一年更换人员或技术原因，早就应该出来了。长芦盐务档案，开发利用的内容很宽，应开辟各种新的方式与载体。搞电视剧等这种新载体，我们没搞过。为积累经验，我最近专门看了些片子，开始受到启示。真搞，肯定大有价值，同时，肯定又很不容易，必须要下苦功夫。我们搞个大型的档案文献电视纪录片，叫《鲜为人知的中国长芦盐务档案》《从中国长芦盐务档案看近代盐工业的坎坷经历》或用长芦盐务档案，去折射某些大事件、某些大人物等，怎么样？这只是些初步想法。

对长芦盐务档案实施深度开发，涉及对 2792 卷外文档案进行翻译，涉及投资。上次让继卫同志做了个规划，我看了后让修改了一稿，修改后再看，投资更大了。译日文 200 元一千字、英文 100 元一千字，价钱是以什么为依据的？还是会生同志在那儿时的基础吧？这项工作没深入推进，工作还不到位。这里面，也有一个打开思路的问题。很陌生，没经验，我们应去国家翻译局和北京二外等单位找人去，取经去。现在，翻译人才、翻译团队那么多，不然找不到合适的合作人。找人翻译的事由杜建强负责。场所我们提供，要在馆内干，不能出馆。业余时间来也行，晚上加班也行，我们积极安排配合。我总觉得，难度不像估计的这么大。总之，这几年谋划此项工作，就没有离开石家庄，电话来电话去，这样是不行的。按李量局长的思路，找一家合作者，联合翻译并一道出版了这批外文档案，这也很好呀！连翻译带出版事，也交给建强同志考虑。

干大事需要大手笔，需要大团队。局务会要切实加强领导，真正作为一件造福人民、服务社会的带有历史意义的大事去对待。局长直接抓，局长们个个上，整合局馆力量，人人向着打造档案文化产业、档案文化精品的方向奋进！

剧本剧本，一剧之本。搞档案文献纪录片也是这样，写出好的脚本是根本。写脚本事，先由尚宏雁、张继卫同志考虑怎么样？你们把已有的能看懂的长芦盐务档案，从头至尾看一遍，初步提出个写作思路。是做专题性的，还是综合性的；是说事，还是折射人？都要尽快提出建议。为建国六十年献礼，中央档案馆的《毛泽东1949》，里边展示了许多档案原件，这就是优势。我们也可以这样做。对长芦盐务档案和其他档案原件进行展示，以什么为主线，展示多少集，也都是我们未曾遇到的新课题。中央档案馆的片子，是与我省省委宣传部合作，由中央电视台出品的，我们也找他们怎么样？会后，大家都要作为打基础、切入性工作，尽快投入这上面来。张新朋同志，由你负责，先把已有的长芦盐务档案的文件级目录，全部打印出来，给我一份，我先开阔了思路，之后，咱们再讨论，一同确定主题。结合翻译加出版，对外文档案进行一次大整理，向中国、向世界展示我们保管的这批国家档案的形象与价值。

（原载于《档案天地》2011 年第 8 期）

开展"中国长芦盐务机构考"

　　今年 1 月 3 日曾谈到，丰富完善大事记，长芦档案可为重要参考。因为日本侵华，掠夺资源，盐是焦点之一，特别是军事用盐。河北最先沦陷的，是唐山一带。民国政府与日本签订《塘沽协定》，塘沽就是"盐窝"；殷汝耕建立伪政府，管京东 13 县，一个重要任务，是帮日本人从长芦掠夺盐。日本侵略者一进入河北，就全面侵占了长芦一带，并且也建立了一整套管理机构。这件事，大家一定要注意。

　　今年给张继卫同志一个任务，用半年时间，写出一篇有价值的"中国长芦盐务机构考"。现在利用盐务档案，因整理得粗，很难看全貌。由于长芦跨越年代久远，类别浩繁，在机构的变化中，不知详情，因不知机构详情，就难以让利用者很好地利用。这篇东西，意义远远高于原来写的长芦盐务价值举要。这个问题很重要。长芦盐务机构最初建立于何时，是清朝还是明朝，要有个权威的说法，到了民国，机构又有什么变化？每次变化有什么原因，都要弄清了。民国政府把直隶撤了，但没有撤长芦呀，我们管档案的自己编大事记，同样遇到了这种情况。通过大事记发现问题，从而完善档案管理，这是一个意外收获。"机构考"它的级别还很高，它的"一把手"，在官员序列中位置显重。日伪时期，整个长芦由日本把持，推行日式管理，与明、清、民国看似一样，实际不是。历史上，大连这座城市管理水平高，与俄、日先后管理，有矛盾。因各国进入现代化的起点不同。抗战期间，国民党失去了对长芦的管理权，前后机构是如何消灭的，中国共产党殊死抗战，因在野，不可能设有盐务机构。日本设机构是为了抢盐，中国政府设机构是为了垄断，在一定时期的垄断，虽有弊端，但没有更好的办法。

（选自高巍同志记录整理稿，2010 年 8 月 18 日）

打基础　便利用　惠民生

　　赵勇常务副省长去年11月4日视察我局工作时，对我们提出并努力践行的"资政惠民"，给予了充分肯定和高度评价，称赞我们："'资政惠民'四个字，体现了你们对于档案工作规律和基本责任的把握，非常好。"这两个多月来，我既高兴，又时常地反省。其实，我们的"资政惠民"工作，还有很多的差距，特别是对其"基本责任"的认识浮浅，把握的远不到位。对照赵勇常务副省长的重要讲话、全面要求，无论从档案工作服务"三个执政"（科学执政、民主执政、依法执政）上讲，还是从加强"三个能力建设"（服务科学发展的能力、服务和谐社会建设的能力、服务党的建设的能力）上看，我们"资政惠民"的方向是对的，大旗应该举，但是，还真难言什么贡献率。

"资政惠民"，说到底，体现为档案和档案工作对经济社会发展的贡献率。要资好政，惠好民，不断使"资政惠民"有新创意、新形式、新高度、新贡献，一个十分重要的方面，就是要在档案的深度开发上下功夫。如何跳出多年来我们喊得虽响，实则成效不显的开发利用，真正地搞起对档案资料的深挖掘、大开发，提高档案工作服务水平，提高档案贡献率？赵勇副省长也给我们指明了路径："一个盐务的历史，多少心酸！多少苛政！开滦的历史，多少故事，你们都可以变成线索……去搞文学创作，写小说，写脚本，可以把它拍成电视剧，拍成电影，就是创新"。我体会，讲文学创作，其本身是个劳动，但其劳动成果，不一定都是文艺作品。我们的创作、劳动，应从贴近民生、贴近经济社会发展的热点、贴近人民大众对档案信息日益增长的需求入手，在系统、深度地对档案信息进行开发上加力、从提供高质量的长芦盐务档案信息产品做起。

　　今天是虎年的腊月二十九，到我办公室的，有张新朋、李林生同志等，虽然马上就要过年了，局务会也在前些天做出研究部署，但我还要讲讲这个事情。第一个事儿，过了春节，新朋同志，你们就可以到师范大学或其他地方，找两位退休的老教授，与他们商谈一下长芦盐务外文档案的翻译问题。咱先借助电脑软件，把大意译出，完成工作量的百分之八九十，然后请教授到我们单位来坐班，让他们给理顺、纠错、核准，如人手不够，可让刘晓云同志等英语通过六级考试的同志，再帮着配合进行。这样，电脑加人工的翻译方式，既省工，又省钱。如译后出版，可暂定《中国长芦盐务档案外文卷集萃》，中外文对照，再配上前言、说明、解释、照片、原件、后记等，这起码是填补国内一项空白的重要工作，是大有意义的一件事。第二个事儿，整个的长芦盐务档案，可搞一大部、几十册《中国长芦盐务档案索引》，虽不敢说这是宏篇巨制，但敢言分量重重，可大大方便全国乃至世界研究者利用。第三个事儿，我们还可以写一部三四十集的大型档案文献纪录片，就叫《鲜为人知的中国长芦盐务档案》，以档案史料为据，从一个别人未选的角度，深刻揭示长芦盐务与国计民生的关系，与窃国大盗、北洋军阀兴亡的关系，与外国列强瓜分中国的关系，以及它在漫长的演进中所形成的独特行业文化、管理模式等，古为今用，为我们河北的科学发展、富民强省，以及建设有中国特色的社会主义文化提供服务。

以上工作，可分三个组来承担，通力合作，齐心推进，有主有从。打开一个战役，再转入另一战场，经几年的努力，实现"毕其功于一役"。一个组，对已整理过的 16 万条文件级目录进行再整理；一个组，对外文档案进行电脑加人工翻译；再一个组，写脚本。有大题材不一定写好大作品，但要出版有大影响的"资政惠民"书，必须要选大题材。长芦盐务，无论怎么说，在我省可算是一个大题材。谈整理，简单地说，当前主要任务有二：一是，对已有长芦盐务档案的文件级目录做大手术，进行提炼、核实，使每个标题，都力求把事件或人物突出出来、表达清楚，让读者一眼就看到"要害"，就可"按图索骥"。二是，对没有处理过的，约20本案卷级目录，全部进行文件级的升级处理，同时进行分类。译文组，主要是把外文变成中文，同时进行文件级著录处理。脚本写作组，要尽全力写出有思想深度、政治深度、经济深度、军事深度、外交深度的文字，把这几个深度，加在一起，就可称是历史的深度，这样，方能为拍一部大型档案文献纪录片打下基础。对长芦盐务档案进行大整理、大开发、大展示，其意义和价值，都应高于我们的那套"资政惠民"系列丛书和与师大合作的《中国长芦盐务档案精选》这部书。

概括以上所讲，深度开发长芦盐务档案，起码可定"三个大题"、应当达到"六个深度"、凝聚我们的"三组力量"，当做一项重大系统工程去完成。建强同志负责一个组，重点进行翻译；新朋同志负责一个组，重点进行整理；宏雁等同志负责一个组，在参与分类整理中逐步理出构思头绪。如再概括一下，今天所谈，无非是三句话、九个字：打基础、便利用、惠民生。

（选自与工作人员谈话录音整理稿，2011 年 2 月 1 日）

完善分类　译校并重
布局谋篇　全面启动

　　春节上班第一天，别的先不研究，与相关同志再次谋划讨论一下关于中国长芦盐务档案的大整理、大开发、大利用等问题。节前，建强、继卫同志去了北京，联系了两家外文翻译出版单位，回来即给我写了个报告，我看后，了解情况不少，他们所提的建议，和我的想法也有不谋而合之处。腊月二十九，我和新朋同志谈了一些意见，正月初三，我在机关，建国同志正值班，又把有关情况向建国细细地摸了摸，做了一些综合性的分析判断。下面，我们重点谈几个事情：

　　一、如何认识在长芦前面加"中国"及这批档案利用价值的重要性。现存于我局馆的长芦盐务档案，根据多年整理、掌握的情况，比较准确地讲，计有 33713 卷，其中英文档案 1828 卷、日文档案 964 卷、排架约 710 米。这批档案的起止时间为乾隆十四年（1749 年）至 1949 年，跨度长达整整两个世纪。在《中国长芦盐务档案研究与利用价值举要》一文中，我曾说过：它不仅是研究近代中国盐业史不可替代的第一手材料，而且由于档案的内容涵盖了当时中国政治、经济、军事等诸多方面，对于了解中国 200 年来特别是民国时期中国社会的变迁与演进状态，也具有极高的价值。并且在文中，我还从研究民国政治状况、军事状况、经济状况、外交状况、立法状况、社会状况、文化状况等七个方面，据档载内容进行了举例说明，因文字所限，只能讲个扼要和梗概，有许多话没有说清，所以，成稿后我即交办张继卫同志做两件事情：一是再搞一篇关于长芦盐务机构设置沿革的论著，二是再对长芦盐务主要是盐业、盐场、盐经营等做系统研究，为建立现代企业经管制度提供借鉴。继卫同志正在努力做着。

习惯上，我们在日常称这批档案时，直称"长芦"或"长芦盐务"，往往不说"中国"这两个字。为什么在与师大文化历史学院合作出版时，我一直坚持以"中国长芦盐务档案"为名，并得到了教授们的认同与支持呢？其道理，说复杂也复杂，说简单也简单。一是，凡国家档案馆保存的国家档案，本来就是"国字号"，况且我们的这批档案，早在2003年，就入选了《中国档案文献遗产名录》；二是，长芦盐及盐务，在其数百年的历史进程中，在国计民生中的地位一直异常地重要，一直由朝廷或称中央政府设专门机构直管，这在我国近现代是罕见的，所以在长芦盐务档案前面加"中国"是更加名正言顺的。

二、任务量大主要表现在哪里？落实赵勇常务副省长意见，对长芦盐务档案从档案文化产业的高度开发利用，我越想越觉得任务大、意义大、影响大、责任大，一句话，该干、值得！任务大从何下手呢？由谁去下手呢？确实需要集中精力，具体安排，科学调度，扎实推进。任务大，我觉得不怕，我们有人，有必备的设施、设备，也有在整理这些档案方面的一些经验。所以说，任务量大不怕。春节前，说打印已有的那16万条目录，当时计划着，需要三到五个月时间，结果一实践，据新朋同志说，十天半月就可搞个差不多，因为现在设备、设施不一样了，可以用电脑处理，那效率就高多了。什么事都这样，在没有真正摸透之前，把困难估计充分一些是对的，但这时候的估计，往往把难度、把任务量估大了，但真干起来，多数情况下，任务量并不像最初情况不甚明了的时候那么大。

对中国长芦盐务档案实施大整理，进而搞起大开发，我不担心任务量，担心什么呢？我担心的是我们的能力水平跟不上。任务量大，我们可以用先进仪器，可以多用人手，可是，提高能力水平，那可不是一朝一夕的事啊。什么能力水平啊？全面地把握对中国长芦盐务档案所反映的那段历史的认识能力和水平，对长芦盐务在中国经济命脉中的重要地位的认识能力和水平、对这批档案价值的认识能力以及如何使价值展示出来的水平。大家想想是不是这个道理？如没有这个能力水平，费劲很大，也难以搞出真有大意义、大影响、大作用的作品。所以，腊月二十九，我与新朋同志谈的时候，曾说了这样几句话："一定要写出思想深度、政治深度、文化深度、经济深度、军事深度、外交深度等，这些深度加在一起，就是历史的深度。"在搞"资政惠民系列丛书"的时候，我老是说历史的凝重感，那个话固然不错，现在，我觉得，也应该升升级了，应当升到历史的深度与高度上。开发、出版长芦档案文化品牌，最基础的前期工作是整理，任务量大，刚才说了，不怕，但必须认识到，虽然我们保管这些档案这么些年了，大家七七八八都有一些接触，都有一些了解，但种种原因，还是有许多细致深刻的东西并不甚清楚。大整理，什么意思？一层，对已经理出来的 16 万条文件级目录重新梳理，并以此为基础统编统审分类。二层，对尚未达到文件级的大约20多本案卷级目录逐条进行点校，开发成大约有40万到50万条文件级目录。已有了案卷级目录或文件级目录，为什么还要整它呢？一句话，过去整出的那些目录，一是太粗，二是主要目的为方便内部保管。现在目的，有了根本转变。不整理，难以出版发行，影响它价值的展示，影响社会公众按图索骥来阅读利用。三层，对1828卷英文档案、964卷日文档案进行翻译整理，也就是说，结合翻译，进行文件级目录编排，这2000多卷外文档案，如果转化成文件级标题，又该有多少条呢？一般算账，也得有20多万条吧。如把这三笔账加在一起，整个长芦盐务档案的文件级目录，当在百万条左右。多年来，我馆保存的国家档案，如果用"金山"来形容，有三座。一座是"长芦"，一座是"民国高法"，一座是"晋察冀"。对它们进行大整理、大开发，它们个个都是有滋有味的"硬骨头"，不啃，难知它味香；啃它，难啃，望而生畏，才导致了这些年对它们触动不大，或者叫进展缓慢。如果一望这山很高很大，向上一爬没有信心，开发它没有足够的动力，一年复一年，一代复一代，就这么光望着，或停步在半山腰，真的没有意思。我们要征服这几座山，不要把这山看得过高，不要把爬山的困难估计得过大，没什么可怕的。真正可怕的，是我们没有雄心壮志，没有迅速提高能力水平的自觉性。提高能力和水平才是最大的任务。

三、科学分类要研究两大要素。全面系统、重新整理，关键在分类。分类的关键又在于：一叫比较科学准确，二叫比较便利实用。原整理出来的长芦档案16万条，我看了一部分，有的条目，一眼看去，比较清晰，人和事全有；有的条目，尽管字数多，多达二三十个字，看了也不得要领，或者说，看不出这个标题所涵盖的重要信息。标题如果不重要、不科学、不准确，就会直接影响分类，分类不科学，又直接影响查阅利用。同是一个事，你这样说它，可能分到这一类去；你那样说它，它就分到别的类去了。大家考虑考虑，有没有道理？分类，是一门大学问。别管怎么分，达到比较科学、准确、实用，我觉得，这应是我们基本的追求。从翻译出来的那十几页英文档案看，都没有加标题，要使之成为文件级目录，标题怎么概括？绝不是件容易的事。如按件说，有的件只一页，有的多达好几页、几十页，如图省事，或缺乏足够的知识，加以研究不够，从文件里随便摘出一句话来当标题，这标题的质量肯定要打折扣。恐怕那16万条，有的就是这样弄的，如此，远远达不到今天我们所要达到的目的要求。再说具体些，何叫比较科学准确？何叫实用性强一些？我认为，要重点考虑两个要素：一个要素是"要人"，一个要素是"要事"。人事人事，人与事从来是连在一起的。档案，说到底，是人活动的历史记录；活动，可视为事；历史事件就是历史上发生的大事情。"要人"，简单通俗地说，就是重要的人物或著名的人物。这么去考虑，我认为没有什么不妥的。比如说，这件档案是孙中山活动的记录，标题就应突出孙中山这个名字，如一个事件涉及几个名人，多点几个也没关系。总之，标题要力求提炼出最大的人和最大的事来，把两个"最大"加在一起，就是个好标题、好目录。再比方说，孙中山致袁世凯信，他们为啥事通信？一般说，概括一二十字足矣。那些外文电报，是谁致给谁的呢？不管一页或一件，都是因为事，而形成了文件，形成电报的，不管是一报一件，还是一报多事，均应按两个"最大"原则体现为标题。这样，就为比较科学地进行分类奠定了好的基础。如果只说"要人"，不说"要事"，这就不完整、不实用。比方说，袁世凯致信吴佩孚，很简练，如再加上为"军饷"而致信，别看只多了两个字，这个条目的信息含量就大大不同了。让读者一看，不用去读原文，就仿佛看到那个人和那段历史事件似的。话又说回来，我们有没有这个水平，把标题即文件级目录搞得比较好呢？实在地说，我们现在的水平还不够。应反复研究，学习、切磋、借鉴方方面面的经验，增加方方面面的知识，刻苦提高自己才行。

四、出版《中国长芦盐务档案索引》有多少文件级目录可用？对已有的 16 万条长芦盐务档案目录，如按上述要求去打量，肯定地说，不是每一条都可以为成书而用，我想，能够集册成书、向社会展示的，大体可有 1/3 到 1/2 左右，这是我的一个初步判断。如是这样的话，16 万条大体有 5 万—7 万条可用；如每页纸印上 20 条的话，500 页的书，才展示 1 万条；7 万条，可以出版 7 本厚厚的大书；这厚厚的大书，我初步想的名字，就叫《中国长芦盐务档案索引》。处理得好，出版水平高，其意义和价值，准超过我们和师大编的《中国长芦盐务档案精选》。因为那部《精选》，虽都是有价值的档案原件，但整页整页的影印上去，才有多少档案啊？通过一本《中国长芦盐务档案索引》，可以窥见中国长芦盐务档案全貌或大貌，意义小吗，绝不可小觑。把这事搞好了，九个字的工作继续下去：打基础，便利用，惠民生，方便整个社会公众利用，为和谐社会建设，为以改善民生为重点的社会建设，尽我们的微薄之力，就是回答赵勇常务副省长给我们提出来的如何提高档案贡献率的问题。贡献率的前提是利用，利用的前期基础又是整理，是这样一个关系。如照此来推的话，现有的 20 多本案卷级目录，开发成 40 万到 50 万条文件级目录，还按 1/3 到 1/2 可用，这大体可用的条目，就当在 15 万条左右，还按刚才那个账算，每本书 500 页，又是 30 本书，加起来，是四五十本，放到书橱里，整整两大架子，本子大，纸又好，再配以原件、插图和必要的历史资料说明等，图文并茂，社会效益和经济效益应是可观的。我年岁慢慢大了，你们还年轻啊，功不一定因我而立，任务不一定因我而完成，你们年轻同志，应该有个雄心壮志，干成这项浩瀚的工程。而且，如我们的思路对头，力量集中，方法科学，效率提高，水平提高，出版这套《中国长芦盐务档案索引》，也不会用很长时间；也可以陆续出，现整理现出，几年内出齐。

五、出版《鲜为人知的中国长芦盐务档案》，要确定专人思考脚本。春节前，局务会上，我还说过，结合开发《中国长芦盐务档案索引》，着手研究写脚本问题，用艺术的形式再现那段历史，给国人提供优质的精神食粮。用艺术的手段再现，通俗地说，就是写出一部大型档案文献纪录片。它不是一般意义上的纯文学作品，是以史为据，以档案为凭的。这个大型的档案文献纪录片，初定名就叫作《鲜为人知的中国长芦盐务档案》怎么样？请大家都考虑考虑。一听到中国长芦，就有点新鲜感，长芦盐务，还是档案，这是个什么东西呀？是什么宝贝啊？从而能吊起胃口，愿意看、愿意读、愿意从里头汲取他所需要的精神食粮。腊月二十九，和新朋同志谈的时候，曾说过一个观点，出版意义大、影响大、销售量大、对社会贡献率大的大作品，必须要有大题材，但是不下功夫，没有水平，大题材未必出得了大作品，就是这个道理。咱们是省级，比市级、县级站位高，占有的资源也多。但要跟北京、跟首都比，我们可挖掘的档案资源大题材也是有限的。有时我想，在人家北京，信手拈来，就是一个大题材。在一个省找一个大题材，并不是那么容易。唐山大地震是个大题材，可是这种题材是很特殊的。从档案的馆藏看，第一大题材，就是中国长芦盐务形成的这批国宝级档案。春节，我反复看一个文献纪录片，叫《颐和园》。不说颐和园，说故宫，那故宫比颐和园更大。信手一拈，中南海、圆明园、东交民巷、大栅栏胡同、天桥的把式，多得是，那都是世界性的题材。我们一个省有多少呢？有一个《省会变迁》，如单说省会，没什么意思，因为省会每省都有，唯有我省省会命运多舛，起伏不定，从而形成那种特定的历史档案，以致河北人、河北以外的人，都愿意了解河北省会的变迁这码事。新中国成立以来，河北发生的较大事情，我们"资政惠民系列丛书"，基本上都有所涉及。搞长芦，无论从立意上、视野上、历史的深度上、对公众的吸引力上、对社会

53

的贡献率上，都要力求有大的突破和提高。边整理着目录，翻译着档案，边积累知识，做着构思思路的准备，为下一步的大型档案文献纪录片脚本铺路。如果这个脚本由尚宏雁和张继卫等同志负责的话，你们也要参加前期的整理，如过不了目录这一关，也难构思出东西。春节前，我和新朋同志谈时，说分三个组，一个是电脑加人工翻译组，一个是目录分类整理组，一个是脚本写作组。现在看，只要有前面两个组就成了，整理、翻译、分类，我们"杨家将一起上"，大家都在整理分类中升华水平，先出《中国长芦盐务档案索引》，当这个索引上了路，脚本也就自然而然地容易形成了。学圃局长前几年写过几集《长芦史话》，那也是知识积累。现在问题是，有大量未知。破解未知的工作，这叫探索与发现，也叫创新。

六、翻译外文档案要全力同步进行。把那2000多卷英、日文档案翻译出来，专出中英文或中日文对照的一部作品、一部书，也是一件很有意义的事情。我对外文档案研究得更不够，但是凭直觉，我感到，这里头肯定藏有大量的有价值的秘密。判断的依据是什么呢？两点：一是，当初能使用电报的，都是高层，电报，在那时是最高科技，别说一般老百姓，恐怕省这一级使用电报这一形式，也比长芦晚了多少年；二是，为什么要用外文呢？肯定是与外国人打交道，或者是外国人与中国人打交道所形成，这里面有国际关系、外交关系。这些档案译不出来、面不了世，深藏在馆中，仍蒙着它们的面纱，实在是委屈了它们。译它们，摘面纱，见世面，这不仅是我们的责任，也是向全社会贡献一份我们的力量。至于翻译长芦盐务外文档案如何下手，我们的思路也是越来越宽。再搞些调查，讨论研究，可以采取多种方式进行。由我们自己人，先把外文录进电脑，用电脑软件大体译出，从而省去人工翻译百分之八九十的工作量，就能提高效益，加快速度。我们能干的，不用外人，电脑处理后，请到一至两名退了休的有造诣、身体好、眼睛好的老先生，来给咱们把关抒顺、纠错，尽量搞准确些就行。我考虑了，要请退休的教授来，到时候来上班，加班也成，报酬不少于老教授一个月的全工资，够了吧？因为这是特殊情况下的翻译。至于译文的质量，当然是质量越高越好。可译文的质量，怎么叫高呢？恐怕就在"准确"这俩字上，或者"比较准确"。所谓"比较准确"就是比较符合原意。记得春节前，我几次说过，要求译文水平高，这固然重要，但是什么叫水平高？有时真是难说出标准，不要过于束缚我们的思想。《资本论》，现在读起来仍非常费劲，最初也是不懂得外文的人，并且是不信仰共产主义的人给翻译过来的，也教育了我们这么一代又一代的中共党员。《资本论》也不再翻了，多年来不见新译本出现了，如再翻，不知翻出什么花样来。这本马克思主义的经典著作尚是如此，我们翻译历史档案，只要符合原意，就是严肃。至于有些技术性的问题，这也是共识。一般来说，冯世斌英文叫世斌冯，电脑译出世斌冯，改成冯世斌不就完了，建强杜改成杜建强不就完了么。最容易译不准的还有地名，长芦就在这一块，有限，加以研究也不是太难解决的事情。恐怕最容易译不准的，还有时间、计量什么的，如民国26年，一转换，1937年就完了；有的可能光说月日，这就该考虑是哪一年的事。长度单位，过去叫"里"，新中国成立以后特别是改革开放以后，逐渐全规范成"公里"，现在说"千米"，碰到了，说千米不就完啦，当然说公里也没错。计量单位，过去是"斤"，以后是"公斤"，现在叫"千克"，遇到了，叫公斤或千克不就完了。对老先生们来说，这不叫问题。有些很生僻的东西，老先生也处理不了，不要紧，把它一件件提出来，放在一边，作为核心问题，一块加以研究。这样，抓紧做两件事：一件是，新朋同志，你赶紧请老先生到咱们局来，面谈，表明咱的意图，听人家的想法，尽快达成共识，投入工作，确定待遇，形成协议。另一件事，组织几个人，抓紧购买最新的最权威的机译软件，并由这些人专门去操作，尽快开展"机译"。大整理就从先整理已有的 16 万条目录、从翻译两千八九百卷外文档案开始。在座的同志，还有不在座的一些同志，全力投入这两个事上。春节已过，大家抓紧收收心，斗志昂扬地迎接挑战，抢抓机遇，争取一年大见成效。

（选自与工作人员谈话录音整理稿，2011 年 2 月 9 日）

文件级目录应最大限度反映出要人和要事

　　人们都说档案是历史的真实记录，尽管这话有值得商榷之处，主要是档案记载内容未必真实，除这一条待理论商榷外，说档案是真实的没有错，我觉得没什么争议，这指的是档案本身，不是指档案所记载的人与事。从已整理出来的日伪时期标题看，远远反映不出历史的真实，所以说，很遗憾，它基本上难为所用，既不能满足一般人员查阅利用之需求，更不适应公开出版，成为档案文化精品。由此来看，断出日伪时期这一段的视野视角我们是对的，从这为突破口也是对的，其重新整理的任务远比我想象的更重，也就是说任务量更大。但也必须看到，前人已整理出的这些目录毕竟花费了大量心血，虽带有明显的种种瑕疵，毕竟为我们今天的整理打下了重要的基础。把这批档案的标题整理好，从而分好类，达到便于查阅，进而公开出版。今天所要达到的目标就是我刚才讲到的三个"应是"。尽管任务是比原想的更大、更重，但不要怕，关键是提高我们把握历史脉络的能力，锻炼我们正确识别史实的慧眼。总之一句话，档案整理好不好，关键在整理人。整理人的关键，又在于知识、能力水平，在于有没有对历史、对后人严肃认真负责的态度。此前，我曾讲过整理这批档案要科学、要准确，讲过要最大限度地反映"要人"和"要事"。当今天看了这批档案的文件级目录，中午我又想，单讲"要人"不错，似乎不够全面。就整理档案而言，除突出要人之外，还应当考虑另外两类"人"。一种"人"即今天所讲的"自然人"，简单地说谁与谁。一种是"社会人"或者称"法人"。"法人"当中，还应当考虑到"非法人"。比如：日本霸占长芦，就是非法的。无论是从国际惯例讲，还是从道德公理讲，都是非法的。是非法的占有者，是"非法的法人"。如不强调这一"非法的法人"，不显示这一"非法的法人"，那日本人霸占长芦多年，与中国人有啥不同？所以你们认真想想这个道理。讲"法人""非法人"，还可以从更高层次上拓展我们的思路，从而使标题更有利于涵盖档案内容。比如：从"法人"和"非法人"这个角度我们去延伸，就可以领会到，单位与单位之间，组织与组织之间发生的公函，从而形成的档案，用今天的话说："法人"不是人，即是说"法人"不是"自然人"。如达不到这样的视野，认识水平，整理日伪时期的这批长芦档案，难矣！

照以上所思，还回到前些天讲的，标题要体现"要人""要事"上来。应当再补充一句，谁与谁？因何事？留下了这份档案文件。有些档案文件是"要人"之间发生的"要事"，有的未必是。如果再多说几个字，谁与谁主要因何事留下了这份档案文件？为什么加"主要"二字？因为档案与档案毕竟不同，有的档案可能一件一事，有的档案虽是一个文件因记载多事并非是一事，所以遇见一个文件记载多事的时候，我们应拣主要的事来体现标题。我想道理是这样的。因为标题毕竟是个眼睛、是个凝练。给档案拟标题，其实就是画龙点睛。让读者来分享档案资源，来看档案这条"大龙"，应当认真准确地刻画这"龙"的眼睛。具体来说，讲到"人"，包括"法人""非法的人"或称"社会的人"，尽量要全称。因为讲合法的也好，非法的也好，讲社会的人也好，他毕竟有社会角色及他的职能和职务。不管是真实的人名也好、单位也好，要用全称。如光说"株式会社"四个字，绝对不行。日本有各式各样的"株式会社"，是什么的"株式会社"才是实质。还有，日伪统治长芦，日本的名字，日本的管理者，也应当尽量全称。如"××太郎"就是"××太郎""××太郎"给中国汉奸的通信，两个人名要写清楚。日本人与日本人所办的事情，两边都是人，也应当写清楚。单位与单位之间道理相同。"长芦盐务管理局""长芦盐务海关"，必须分清楚，是哪一级就是哪一级，不能含糊。日本大量掠夺长芦盐，运到哪个港口就是哪个港口，起止吨数？运到什么地方？什么船只运的？都要一一写得相当清楚。标题要千方百计体现出历史的真实。

（选自与工作人员谈话录音整理稿，2011 年 2 月 26 日）

出版一套《中国长芦盐务档案索引》

年味已经浓了，但我的心还在"长芦"上。过了春节，新朋同志你负责在河北师大找两位退休老师，我要与他们商谈一下长芦盐务外文翻译价格的问题。能否先借助电脑翻译出来，大概完成工作量的百分之八九十，然后再请两个人到单位坐班，帮我们给理一理、顺一顺。人手不够的话，让刘晓云等英语通过六级同志一块进行机译。这样，采取机译加手工的翻译方式，既省工，又省钱。翻译后，出版一套《中国长芦盐务档案索引》，或是叫《中国长芦盐务档案目录索引》，都可以。另外要加紧运作，集思广益，尽快构思一个不少于30集的电视纪录片脚本，就暂定名为《鲜为人知的长芦盐务档案》。还有更长远的考虑，外文档案全部翻译出来之后，最好出一套中外文对照的书籍。

大题材不一定大影响，大影响必要有大题材。脚本写作组，一定要写出思想深度、政治深度、文化深度、经济深度、军事深度、外交深度等，加在一起，就是历史的深度。对长芦盐务档案进行大整理、大开发、大展示，其意义和价值，都高于与师大合作的那套书。希望同志们努力。

对长芦盐务档案进行大整理，也要确定专人，尽快破题。破题关键要抓好三个问题，一是，把已有目录进行再核实，把人物和事件弄准；二是，对不断翻译出的外文进行文件级著录；三是，对没有处理过的2.2万卷长芦档案，全部进行"预审"。这几项工作，同时进行，梯次推进。

（选自与工作人员谈话录音整理稿，2011年2月1日）

关于长芦盐务档案整理中的标题问题

　　我感到（整理长芦盐务档案）真像爬山，到了难处了，啃骨头呀，要真啃！盐务档案日伪时期的目录整理出来了，共计49837条。仔细审看三大本日伪时期的目录，当年整理到这个程度实属不易，但不得不说，这样的标题目录，还远没揭示出沦陷时期亡国奴的实质。沦陷时期长芦被日本霸占，当时形成的公文，应该有鲜明的沦陷特色，应该有日本掠夺的鲜明印迹，应该有殷汝耕等人为虎作伥的明显罪证。而看现在的文件级目录，可以说，基本上看不出来。和日伪时期之前之后相比，这批目录的标题该怎样拟？现在这个样子是什么原因造成的呢？现在推测应当是缺乏历史知识、缺乏历史感，另外还可能有时间仓促、技术处理等原因。上面两个原因是主观的，是档案人的，后边两个原因是客观的。今天咱要整理、咱要分类，一要达到便于今人和后人利用，二要达到能出版发行，供全社会人共享这批档案资源。早年整理的这批目录基本上要逐件地重搞、梳理。

（选自与工作人员谈话录音整理稿，2011年1月26日、28日）

关于长芦盐务日伪时期档案的时间处理问题

还有一个难题需要我们研究，即时间称谓如何称？从这些档案目录看，一个文件上既有中华民国××年，又有日本昭和多少年。如一律用中华民国，省略了日本昭和，就模糊了历史的真实。无论是日本人起草的还是中国人起草的，"昭和"这两字是日本侵华的铁证，这万万不能省略。如是这样的话，在标题后面的时间可采取三种形式并用。不要怕文字多。第一种，是公元何年何月何日；第二种，是中华民国何年何月何日；第三种，是日本昭和何年何月何日。应体现这三个时间。即是说，在公元年月日，民国年月日之后，划一个括号，在括号内，标明日本昭和年月日。唯此，才能彰显日本侵华掠夺长芦的历史本质，还历史以真实。

三个时间都要有，但绝不是完全并列。在公元和民国后面加括号，在括号里去处理日本昭和。大家一定要统一思想，一定要充分认识，时间怎么处理，不光是个技术问题，还是个政治问题。世界公认，日本侵华，那个年代日本在中国的某些地区占领统治了相当长的一段时间，并建立有日伪政权。入侵，是来了又走。侵略，则建立有政权。历史已经过去了，作为后人咱们处理这个事，要本着对民族、对历史、对国家负责的态度。中华民国×年×月×日，日本昭和×年×月×日，如果并列起来，是对他们的认同，认同他们，不妥。虽然日本占领统治了中国的一些地区，中华民国并没有中断。标题后边的时间，署上三个更全面些，日伪时期的特色就相当浓了。

　　各国有各国的习惯、立法、尊严。从何时起出现公历，纯数字式的，用现在的话讲，数字化了？我国采用公元的时间，从什么时候开始？从1949年10月1日中华人民共和国成立开始。当时对纪年包括国号、国旗等，开政协会议时都有争论。这些在档案中，在杨冬权局长拍的《毛泽东1949》，还有《东方红》中都有记载。国旗上的五颗星，叫中华人民共和国，还是叫中华人民共和国，简称中华民国，小组会开了又开大组会，最后集中到一个组，著名华侨领袖司徒美堂老先生，明确反对国号简称中华民国，强烈主张，新中国就叫中华人民共和国，最后得到了大家的一致赞成。

所以在时间问题上，咱们既要尊重历史事实，又把中日两国加以区分，采用"中华民国×年×月×日（日本昭和×年×月×日）"的方式。这是个严肃的事情。谁说年号从某种意义上不代表国家？当年日本侵华是从思想、政治、文化、经济、军事、用语等方面全面奴化中国。日本侵略中国的年份，他们的用语全都是日本式的，档案行为也带有他们的特点。我们就是要加以区分。

接下来的事儿就是步步爬山啃骨头了。分两个组，对照档案原文，一条条重拟，不要怕返工。同样是这三本目录，可以变成四本五本，翻开它，历史的真实就扑面而来！没有了真实，就没有了吸引性。上半年工作是多样的、复杂的、艰难的，只要上了路，咱有人，有领导重视，有各方面条件，一定能干好！

（选自与工作人员谈话录音整理稿，2011 年 1 月 26 日、28 日）

再谈关于日伪时期档案时间的处理问题

　　整理的讲话你们都看了吧，过程中你们又有什么看法。今天还是盐务档案中日伪档案的时间问题。那天（2月26日）你们走了，我就想这三个时间都谈到了，还没谈透，具体的，从明天开始，就尝试着从第一条开始修改标题。本着尊重历史，准确清晰地反映出文件内容，该什么名就什么名。上次那个件还可以给我再看看，501号卷。布告、任命、成立、赴任、办公开始使用印章、施政行为。先在脑中想想，边整理边分类。成立算一类、布告（告示、告谕）任命算一类、赴任算一类、办公开始使用印章算一类，你们脑子里有了这些词，标题就好弄了。标题是尊重原来档案中的事，标题是咱们拟的。现在和过去的区别是有标题。今天更进步了，不光有标题，还有主题词。清朝时的有些档案，开头就是"奉天承运，皇帝诏曰……"，哪个也没有题目。还有"诰命"，清朝的所有"诰命"都没有题目，后人从中找出最关键的内容写成标题。再往前，连标点都没有，"五四"运动后，古文改为白话，没有标点的全有标点了。现行文件，不光有标题，还有主题词。我们对档案处理时间拟标题，对日伪时期，凡是涉及"日"的，用个括号，凡是涉及"伪"的，加个引号，如："××政府"。括号是中日之分，引号以区分法统政府与非法政府。因为大量的标题要体现那一段政权名称，所以对伪政权要以引号表示出来，以区分它是"伪"、它"非法"。你想，咱中共确实讲实事求是，推翻蒋家王朝，政权建立的时间，从1949年中华人民共和国开始，不追溯到以前。中共从1921年建立。这就是党史与国史的区别。工龄的计算，有新中国成立前、新中国成立后之分。新中国成立前中共建立的政权，采用民国纪年，不追溯以往。辛亥革命建立中华民国，蒋介石总强调"一个政权、一个国家、一个领袖"，重庆谈判，就以此想迫使中共就范。毛泽东说国家政权是谁的？谁代表人民谁就是国家、谁就是政权。国家者人民之国家，天下者人民之天下。谁代表人民谁代表天下人谁就代表政权。现在咱们还在强调"三个代表"，要代表最广大人民的利益。不光是代表人民利益，还是最广大人民的利益。历代皇帝把自己的政权往往向前推多少年。三国时的曹操没有称帝吧，他的儿子曹丕称帝后叫魏文帝，还给曹操封了个"魏武帝"。政权这不就前移了吗？清朝统治全国是顺治帝，可清朝的年号不从这年叫，努尔哈赤叫清太祖，皇太极叫清太宗，政权上推了三辈。中共的政权早先也有，1936年的延安政权，更早的江西苏维埃政权。但中共执政时间就从1949年算起，确实目光远大。所以在标题上体现伪政权时候加引号，在时间上体现中日那段关系时，把日本昭和年号加括号。不是我执着地干这个事，啃骨头，每次跟你们讲都是破题。整理这些长芦档案，关系到经济、军事、法统、民族上的事。每次我讲话到引经据典，你们就光听不愿意记了，就略了。不引经据典看不出这个来龙去脉呀。这绝不光是个技术问题。明天就去买小录音机。每次讲的先录上，再整理。

再一个事儿，去台湾征集档案。你们想想咱去台湾干什么，征集档案，报的亚光、建国跟我去，省台办批了，正向国家台办报批。征集档案，跟人家谈什么呢？咱们缺什么呢？咱有民国高法的档案，台湾也得有吧？有民国高法的，就得有民国行政、民政、水利、赈灾、兵情、民国其他法律吧，咱得有备而去啊。馆里缺民国的什么？国民党党史不全吧，他们叫党部。还有什么，你们考虑一下，写出一个去台湾国史馆调查研究征集民国档案的题目，分几个领域、几个方面。按图索骥，回来再研究，采用什么方式征集，是交换还是购买，征集回来。去一次解决一个事。如果不达到这个程度，去干什么呀！这不是一年两年能够完成的，咱一年又一年，一代又一代干的就是这些活儿。打量咱的馆藏，咱究竟缺什么？有备而去，有针对性地去调查交谈。甚至还可以看看民国长芦档案，他那儿有没有？特别是结合这几年编大事记，缺什么，亚光你应该心里有数啊！我看这第一缺，就是国民政府为什么撤直隶改称河北？撤直隶改河北，是件大事，绝不是一次会议就能定了的，绝不会没有不同意见。会议记录咱没有啊。这个不是一朝一夕能定的，从起源、酝酿、召开会议，甚至名称为什么定为"河北"，都不简单。就说咱的撤并县吧，几个县撤并后叫什么名字，那也不是个简单的事儿，几个县并一块儿，有一个名声大的，别的就没了，那要是两个县旗鼓相当的，那就得争。我说过，直隶改河北，河北绝非直隶的翻版，直隶改河北，同时突出天津、北京的地位，打破北洋政府的统治。将来我要写一本书——《触痕河北》，第一道痕就是直隶改河北，因为没有档案没有证据，好多话我不能说。直隶横行天下多少年！1911年清朝政府被推翻，中华民国成立，袁世凯"坐直隶而争天下"，民国政府改直隶为河北，割了封建尾巴。折射河北的复杂地位，直隶改为河北，原直隶地域一分为三——河北、热河、察哈尔，北京、天津再划出去，实际是一分为五，缩小了三分之二。这次去的第一目标，就是把直隶改河北的所有东西都找回来。老"直隶"是封建帝制的尾巴，实质上直隶有特殊地位、特权，全中国行省与直隶是不平等的。现在全国省大省小一律平等，海南是最小的省，跟别的省也一样，体现出民主、公平。有关直隶改河北的，有什么要什么，统统征集回来。弄几个专题，关于什么，关于什么，关于什么……咱跟他们的档案保管分类，也许不符，没关系，差别不大，都是一个根，分权也才 60 年。毕竟与台湾同文同种，差别不大。亚光、建国，你们去干目录整理的同时，加班加点，弄个小方案，搞小指路标。

（选自与工作人员谈话录音整理稿，2011 年 2 月 28 日）

去台湾征集档案弥补《大事记》

　　《1928—1949年河北省大事记》，我们已搞了好几年了，之所以还没有出版，一个重要原因，是觉得"大事少""大事不大"。如这样仓促出版，虽能填补空白，但遗憾太多，也影响出版发行的意义。从1928年到1949年10月1日，执政中国的是中国国民党，执政河北的是河北省政府。这期间形成的河北档案，据调查，只有少数现保存于南京国家二史馆，大多的、重要的民国河北档案，都让国民党政府搬到了台湾。现在两岸尚未统一，我们缺少第一手档案资料，只有去台湾搞征集。举一个例子，我们到台湾后，如能找到当年《何梅协定》原始文本，再把它复印到大事记上，就是个不小的成绩。反复想来，抗日战争这一段，是这段历史的关键时期，也是本大事记的关键内容，在此民族危亡，全民抗日之时，国民政府在河北留下了什么？应尽量搞得更清楚一些，这样对现实、对后人，才更有重要感悟。这个时候，国民党部迁移了，国民党的河北省政府，南逃了，国民党的军队，也撤出了整个河北。但那时的河北省政府毕竟还是法律意义上的政府，他们如何抗战，应当有东西保留。档案人编东西应当特别注意以档案为凭，以史料为证。特别是1942年，在中国人民抗日战争史上，是最为艰难的一年，当然也是河北军民灾难最为深重的一年。说艰难，从大的背景上看，战争进入了相持阶段，日本帝国主义的"铁壁合围""三光政策"，都发生在此阶段。从自然环境上看，1940—1942年，河北连续三年自然灾害，赤地千里呀！抗日军民保生存，一方面要与日本鬼子作殊死斗争，另一方面，还要与灾害、饥荒作斗争，艰难程度可想而知。八路军也是靠老百姓养着，就近取粮没有，加上日本人实行"三光"，烧光、杀光、抢光，整个河北，该是何等悲壮的抗日局面。我们写大事记，就是尽量把历史的悲壮还原。过了1942年，胜利的天平就开始向中美法英同盟国扭转了……日本突袭珍珠港，导致了美国的直接对日作战。日本鬼子就更吃不住劲儿了。日军在河北投降、我国受降的档案，我在本馆很难见到，太遗憾了。总之，去台，绝不能白去，千方百计，肯定能有收获。只要有可能，先拣重要的，分期分批弄回来。我们就是要敢于破冰，勇于奉献。同时，还要多想办法才是。

（选自与工作人员的谈话记录整理稿，2011 年 3 月 2 日）

边翻译边拟出标题

再谈一下长芦盐务档案的外文翻译问题。从工作进展看，整个翻译，最难啃的骨头，关键点有三：一个是软件，一个是人员，一个是经费。尝试机译思路是对的，一点点的突破应当没问题，一定要坚定信心。凡要办成事，越不容易越要有信心，越要多摸索、多试验、不要怕失败，不要怕困难。咱们上多少人，如何与师大老师配合好，说白了，就是个工作的结合问题。经费怎么说，没钱办不了事，花钱太多咱又拿不出来，应最大限度地达到合适、合理的投资。机译肯定行，要不然，人家开发翻译软件有什么用呢？直译是什么直译？无非是手写。高水平的翻译人员，应是既擅长直译，又擅长机译的。要抱着真诚的态度与师大的老师和同学们谈。如果还不行，另有路，就是上媒体招聘，按数字或按工时计算报酬。计算报酬也多种形式，我们要思路放宽，公平合理，实现"双赢"。新朋同志你要把主要精力放在与合作对象们谈上。目录整理，咱自己就可以搞。编目录，首先是拟标题。拟标题容易，拟一个好的标题难。你们可先共同拟几十条，再共同讨论修改。多读几遍原文，吃透要点，标题就拟出来了，再锤炼，就是要标题了。具体工作可"先合后分""分中有合"。摸到了路子，抓住了规律，就可以单兵作战了。要把多读原文，吃透要义，作为对自己的培训。通过自我培训，提高把握历史知识的能力，提高事业心。再说一遍，翻译，说白了更是个机械性的劳动，而拟标题，说到底是个创造性的劳动，那是综合了档案的多少内容才凝练出来的一句话呀！

（选自与工作人员谈话录音整理稿，2011 年 3 月 2 日）

我愿尽快看到新拟的标题

　　看来，大家做了大量工作，但尚不能说成绩很大。现在，整理工作还远没有达到分类的程度。长芦盐务档案虽多，但你要硬找联系性、完整性，恐怕是困难的。每卷档案的形成，其内容各不相同，但有一点是相同的、永恒的，这就是时间。你们考虑得细，是对的，但这不能成为工作的障碍。我们不是猎奇，不是考古。有的有请示，没批复，怎么办，非要找吗？能找到固然好，找不到就别钻牛角尖了。现在行文件，只有请示没有批复的不也有得是吗？工作刚上路，思路宽一些，宜粗不宜细。我本来就只是让你们改标题，结果"砍出蒿子带出狼"。你们要检查一下思路上有什么不妥。细致认真劲儿要坚持，但太细了就不叫细了，太专业了也就不叫专业了。我愿意听你们汇报原标题是什么，新拟标题是什么？有什么不一样？两个一比较水平就不一样了。

工作艰难起步，同志们都有很强烈的把这批档案翻译整理好的心情。但你们思想方法不对，导致进度太慢，翻译没进展。客观上，困难多，问题大；主观上，我们的水平确实不算高，思路不清晰。怎么办呢？应当本着前段我们确定的思路，先集中精力按原案卷的标题，逐条地进行梳理、凝练、纠错，使之更加贴近档案的实质内容，最大限度地体现"要人"和"要事"。把目标定在便于检索太低了点，应定在能公开出版上。求细，不是钻牛角尖，不要陷入太琐碎自认为是专业的所谓难题中去。要由粗到细，由易到难，由简到繁，由浅入深。遇到难的，不要耽误着，先放一放，最后再做处理，暂时解决不了的搁置起来，回头再来吃。千方百计地提高效率，加快速度。如认为原标题拟得不好，就以我说的那两个"要"为标尺，进行重拟。不要求全责备。社会上有些所谓的"大全书"也只是相对而言的，世上没有大全书，无非是标榜而已。

要"三管齐下"，突破翻译。一管，动员局馆英语六级以上同志从事翻译，不怕失败，在实践中摸索，这不仅是出成果，而且还是培养锻炼干部；另一管，动用公务员职数，招录有高级翻译水平的干部，以适应局馆事业发展需要；第三管，重金聘用人才，下大决心，坚决突破外文翻译。真想干成，困难就没那么大。办法总比困难多。

（选自与工作人员谈话录音整理稿，2011 年 4 月 13 日）

难在当今　事关长远

我想请各位专家讨论一个问题，通过这次会议看看前期翻译的这些英日文档案，咱这项工作还可以不可以继续搞下去，毕竟难在当今，事关长远。说别的话，功在当代利在千秋……看咱现在的水平能否继续下去，水平嘛，什么叫高啊，有时很难说。在咱当前运作基础上，进一步改进，解决存在的突出问题，就可以继续搞。若问题比较大，或者缺憾比较多，这样搞不行，咱们就停止。我与李局长、刘局长愿意听听各位老师的意见，心里比较踏实一些。由我们定，好定也不好定。不好定在专业上，在英日文专业上不行，这是不好定。说好定，在哪呢？它能够忠实地或者比较忠实地反映原始档案的貌相来，也就是张老师所说的"信"，我觉得这就好说。这帮翻译的还是在校学生，他们不是外文系的，是历史系的。对后人对历史负好责，这次翻译了，下次翻译不知到哪年了。从局馆实际情况看，确实真正当作意见大事尽快翻译出来，可任务量大，投资也大，这是这批档案进入咱们河北馆几十年没有动它的根本原因。今年尝试破题嘛，破到这个程度，现在停一停，别往前再走了，请专家会审，避免走弯路，行，咱继续走，有不完善的，不要紧，有缺点不要紧。一边完善，一边前行。如果有大的问题，咱们发现不了，回头不知多少年再看，乱。第二件事，从实际工作上不是速度的快与慢，资金投入的多与少，主要还是质量。质量是必然的，我与李局长的看法是，它这个档案本身是什么？它的本来面目是什么？能够充分体现基本情况。这个话题我从春节前后就老是说，是在想不出更好的词语表达。第三个问题，经过两天在这论证，一块讨论审视，集中的普遍存在的突出问题是什么？个别突出的问题是什么？比如把整个意思译反了，译的不是原意了，这种问题有多少。这个问题事关咱局馆领导下最后的决心。日文是一个人译的，日文的翻译质量比英文要差。这不是孩子不努力，是知识、视野、水平问题。公文有固定的格式，不同时代它有不同的固定。翻译公司理应比学生更好。但也存在这些问题，对翻译公司也是新课题。如果不停下来，不做这次工作，就这么跑下去，包括翻译公司也一样，也没人检验翻译公司，路上无红绿灯了，车跑起来谁也没法了，就这样，闹下来，然后分类、编号，提供利用了，包括若干年以后，包括翻译的人，他若翻译错了，50年以后他来利用，不是正确的东西，不是档案的原貌，那就贻害后人了！忠实原文，我觉得忠实于原文是要义第一的根本。原文，错了，经过这么多年咱们看出来错了，也有，咱们属于改错了，改错的应当怎么处理，误笔啊，漏啊，什么原文都有。没看到，就没看到，看到了，怎么纠？整体上它原貌是个什么？咱们局馆的各位同志，他们也是多年经管这些档案，利用这些档案，那些中文整理出来的东西，经过好几代档案工作者的手，对档案熟悉，对档案环境熟悉，但对英文、日文都是盲点，不认识。我匆匆来就是这个意思，李局长、刘局长你们再考虑考虑。

档案的排序，也是个难题，是按时间先后类似编年体，还是按事件。看这件，抓这件，无顺序，在一个大锅里，全乱了。以外文为模本，对照中文，看中文的哪些（能）配上，哪些配不上。一边翻译一边整理，或者一边整理一边翻译。有的能配上，不管它合适不合适，准不准，它是一个件，有的拿外文为模本。没有中文，中外文都有的各有多少？只有外文没有中文的有多少？这还从最基础做起。

工作量大不怕，咱这辈子完不了，下辈子接着干，这个不怕，档案人也是一辈一辈子做这个事啊。咱们做学问、做学术也是这样，关键是质量。我原来认为外文是外文，中文是中文，它俩没什么交叉。刚才咱们讨论现在看来有交叉，一个件是中文，一个件是外文，当时已作了处理，当年已做了处理了，咱今天还处理不？也可以处理，也可以不处理。当时已翻译出来了，就给利用的机关、利用的人用。可以这样理解，接到一份外文文件，翻译人员翻出，送给领导看，形成今天档案内有中文有外文。多种情况，外文的多。摸底，怎么摸呢？想新法，我想不出来，我想起老祖宗的方法，沿用多少年，看着最笨，其实最科学、最管用。把所有外文档案按时间顺序排出来，找出一个主要内容，命出一个题来，以它为模本，就用时间把所有外文档案按时间顺序排出来，最早的那份文件是什么？你看历史上的许多事，叫大事年谱，看似简单，其实作用很大。按时间先后把外文档案排出来，时间确定了，内容确定了，拿着它再找中文卷，有它有一种处理法，无它有一种处理法，确定下一步方向，也是路径，再确定怎么操作，怎么操作时最科学、最捷径。先把路径找对，然后才是那每一件内容的翻译。我外行的看法，用最笨的方法，想老祖宗的办法，先按时间先后，大排下来，光排外文的，置中文档案于不顾，把 3000 多卷外文档案，按时间顺序打一个通表，最好命名标题，这个无疑义了，再对照中文，哪些已经有了，哪些没有，有了怎么处理，没有的怎么处理。我不知我的这个表述，大家明白不明白。

现在怎么做呢？学生抓了哪一件算一件，英文一个抓法，日文一个抓法，没有规范。现在学生各顾各的。学生是试翻译，肯定有好多问题。没有办法就断代，还不行，再断，断几段后就断开了。

今天最大收获有两点：一是知道了已有的中文档案和外文档案，但比例有多大，还不清楚。二是，在"信"上，英文的翻译在"信"上尚可，在"信"上日文翻译的要比英文的差。翻译主要保管、流传和利用，具体说出版，达到那个"雅"的程度，那是创作了。档案就是档案，出版是档案，不出版也是档案。

（选自在长芦盐务档案翻译研讨会上的讲话整理稿，2011 年 10 月 28 日）

冠以"中国"，指向"民国"，值得

一、有关为什么的几个问题

为什么要搞这样一部片子呢？理由有若干。档案人的责任，档案部门的使命，社会公众对档案的需求，繁荣社会主义文化的重要组成部分等等，这都不说了。一言以蔽之，这批档案承担的历史信息，价值浩大，值得去搞。把那些之外的理由全抛去，就说档案本身，它承担的历史文化价值之深，我们认为确实值得，应该来搞。为什么要暂定这样一个片名呢？也是思考良久了。目前仍没有感觉这个名好，也没有感觉这个名不好，总是感觉，应该有比这个片名更好的。叫什么呢？愿意听大家的。这几年以来，始终有三个片名，在脑子里晃来晃去：一个是会标之名，

"长芦盐务档案中的民国"，一个是，"鲜为人知的中国长芦盐务档案"，还有一个是，"中国长芦盐务档案解密"。看1995年搞成的那个片，名字叫"揭秘"。当然，还想过其他片名。对片名没有感到哪个更好更满意，这是下功夫不到所致。为什么在档案面前，还要加"中国"二字？就如同要在档案面前，加"长芦"是一样的，只是意义更大，延伸开来而已。说盐档案，太专业；说盐业档案，也包括不了这个宏大命题。盐、盐场、盐生产、盐经营、盐管理、盐政治、盐经济、盐文化……今说长芦，应将这些包括进去。我一接触这批档案，大家就以"长芦盐务档案"称之，这是很有道理的。看来，是叫盐务档案，还是叫盐业档案？前辈档案人已经做过许多考虑。其实，说盐务档案也相当专业，在全中国，只有加上"长芦"二字，才能指到华北沿海、天津、河北等地。现在，标注域名，越发显得重要。之所以强调"中国"两字，其想法主要有两点：一是长芦盐务档案，它真的配得上冠以"中国"两字。再是，冠"中国"，才有利于将中国各馆所保存的长芦盐务档案，与国外保存的长芦盐务档案加以区分。总想啊，在中国搞个调查，有关长芦盐务的档案，究竟有多少卷多少件呢？河北有这样多，只是一部分；天津市那样多，也是一部分。据天津于主任说，在一史馆保存有30多万卷，在二史馆还保存有若干卷。去台湾，我看也有保存。据当年的历史推断，现保存在日本、俄罗斯、英、法、美等国的长芦盐务档案，是应当有相当数量的，一会儿还要说到。所以呢，这几年来，一涉及这个问题，总是冠以"中国"的。为什么这个片名要指民国呢？理由也有若干，感觉这更能使这批档案的历史文化价值更加集中地展示，从而引起社会的共鸣。这批档案的起，应当在清中叶，止，到中华人民共和国成立。河北馆保存的这批档案，按时间跨度说，长达整整两个世纪。切入哪一段历史也可以，想来思去，还是切入民国这一段，最感过瘾。这毕竟是千年来中国君主帝制解体，共和诞生，在民主发展史上具有不可替代意义的一段史。凡万象更新，必然是旧象、乱象相伴，激烈冲突，进进退退。看民国初建，国情纷纷，民情芸芸，加外国列强插入，其整个社会现象的新与乱，真个是极为典型地交织在一起。我心目中的民国初年，就是这个样子。拿长芦盐务档案说事，最生动的就是民国这一段的事。所以，在与师大的教授们构思编排那一套书的时候，主要商议的事情有两个，一个是在"长芦盐务档案"之前冠"中国"，一个是精选"民国"之初那几年的档案成文。最后，那部书就是这样出版的。

二、有关开发利用的几个经历

客观世界永远走着自己的路。不管承认不承认它，一个单位对档案文化的开发思路，与历史文化本身一样，它有着割不断的传承联系。上午，大家看的《长芦史话》，拍于1995年，我是在这个片形成10多年以后来做档案工作的。今看这个片呢，遗憾处相当多，稚嫩、简单，还有其他。但是，它毕竟标志着河北省档案局（馆）对长芦盐务档案开发的起步。说起步，看那个起点并不低，一起就是声像形式。2007年左右，省局馆与河北师大商议编辑出版《中国长芦盐务档案精选》，这应是在开发起步基础上的延续。那十大本子，历时好几年，功夫是下了，从档案文化价值来看是有了，但它还很难走向市场，社会上有几个人知道有这一套书？看来，好书是好书，如同"好酒也怕巷子深"一样，如何实现它的初衷和价值，必须在突破局限上下功夫。比较集中精力地思考这批档案的开发利用，在2007至2009年，形成了一个小小的标志性的东西，就是我跟继卫同志搞的署我名字的《中国长芦盐务档案利用价值举要》。那篇拙作，大家手上都有。文不长，从七个方面做了一些阐述，文的题目不带"民国"二字，内容上，七个方面主要指的都是民国的事。2010年11月4日，常务副省长赵勇同志来局馆视察工作，我向他做了工作汇报，其中就有开发长芦盐务档案的想法。没想到，赵勇常务副省长大感兴趣，讲话的时候，给予了充分的肯定。当时，赵勇常务副省长讲："一部《唐山大地震》票房超过6个亿，就这么一个题材，在香港在台湾在全球都产生重大影响，作为中国政府推荐的唯一一部竞选奥斯卡的电影，对河北、对唐山影响多大，这部文化作品你们这里是有很多线索，一个盐务的历史，多少辛酸！多少苛政！这些你们有的可以变成线索，有的可以让作家到你们这里查阅档案"等等。这样，就使已有的档案人的想法，上升到省委、省政府领导的这个层面上来了。紧接着，上报"十二五"国家重点档案抢救保护项目，考虑再三，就只报了"中国长芦盐务外文档案翻译"，得到了国家局的同意。大致说来，就是从两年前的11月开始，动议谋划拍片工作的实施，引来了今天这个会。会本身，深感有意义，为下一步的工作奠定了基础，开了好头。

把片名切中"民国"的道理不再说了，各位专家学者都比我明白。作为档案工作者，我想再用两三件档案，佐证一下我的一些想法。手里的几件档案，是从保存在河北馆的2000多卷外文档案中随手抽来翻译而成的东西。这一件，产生于1919年11月2日，是曹锟1919年11月1日发的电报:"中央政府遇到严重的经济危机,我所辖部队已数月没有发放军费,尽管我已向政府发去数封电报,要求发放军费,但始终没有收到,我们同为政府服务,你们(长芦)应当尽一己之力,帮我们渡过难关。因此我请求你们立即提供必要的军费,无论你们境遇如何,请务必在中秋节前提供一些军费,并且划拨同样数额给保定府,你们的付出将来会得到补偿的,请通知你们能提供的数额。曹锟,1919 年 11 月 1 日。"下面有一个署名:丁爱阳,他见到曹锟的电报,立即有这么几句:"由于款项是用于军费,我立即向盐务署拍发了加急电报,将此事通报总巡视官,我希望你们也能向总巡视官通报,并给予我们答复。"一方是气势汹汹地向长芦要钱,一方是不客气的回敬。几日后,形成的电报电文是这样的:"对你们转交的盐业专员的信息,关于曹锟将军要求盐业分所要求为其提供军费的情况,我们直接从总巡视官那里了解到,财政部表示理解,并已经做了相应的安排,因此,曹锟将军的请求一并撤销。"署名:您忠实的朋友。连真实姓名都没有,这当时的绝密件,类似此件,可能在 2000 多卷外文档案中占有相当大的比重。这一件,是涉及吴佩孚的:"先生,我们收到吴佩孚元帅军部的官方文件,声称已通过我行转至银行集团的长芦区盐务财政收入应归吴元帅支配,但是作为你们直接委托的收发机构，我们当然不能同意他的要求，鉴于此因，我们已经写信断然拒绝了，同时，你们也应该采取必要的措施以保证此款项不会落入军阀的手中。"署名：您忠实的朋友；时间，1924年11月。就这寥寥数语，仿佛看到了当时刀光剑影，双方角力。这有一件，较长，同样没署名字。这应当是当时一触即发的，或确实是发生过的一个重大事件："丰台、芦台地区由于内战造成的现在的地位，请允许我以保密的半官方的称呼你们，因为我相信你们也很了解在这个助理巡视官管辖区域内的真实情况……当天下午，一辆装甲火车（有一名李将军指挥），从西面到达塘沽站，该车装有四门三寸野战炮，十几挺机枪，还有几百名携带短武器的军人，我对该车进行视察发现，和二师的士兵相比，该车上的士兵明显带有攻击情绪，调查发现，装甲车是执行吴佩孚将军的命令"。这又把吴佩孚抻出来了。一个曹锟，一个吴佩孚，在民国，可谓大名鼎鼎。现在，对这批外文档案正在组织翻译，如果顺利，用三到五年时间，应当拿下来。这2000多卷外文档案不能变成中文，不能让我们所认识，使现存于河北馆的长芦盐务档案的信息价值大打了折扣。待外文翻译出来，这批档案的价值，还要重新估量。如果能够把中国长芦盐务档案不管是河北的、天津的、一史馆的、二史馆的、台湾的还有其他的，拼集到一起，整个中国长芦盐务档案的价值，也要重新估计。要组织问世一部充分展示中国长芦盐务档案历史文化价值的集中反映民国这么一段历史的、折射当时社会诸方面的片子，有什么困难？困难也是大的。主要一不在于领导不重视，二不在于资金不足，三也不在于缺人手，困难主要在于缺少经验，站位上不去，视野不开阔，档案工作者，缺乏把档案语言变成电视文献片语言的本事。拍片的专家学者们搞这一部大作，有无困难呢，困难也是有的，精通于拍片策划之多，而不了解档案，对接有困难。所以今天大家来，我们更感高兴的是，既有专门的档案工作者，也有专门研究历史的、研究文史的，还有搞策划编导拍片的，还有看似与我们这个长芦盐务档案不相干的相关岗位上的人士，照样有他的站位和思维。比如特意请来的河北省财政厅预算局段国旭副局长，因为我若干年前看到他在更年轻的时候搞出来几篇大作，为之一振，确实是高水平的。好多人没看到档案，不知道档案里有什么，一旦看到档案，大家七言八语，准能出来真知灼见。搞点文字性的东西不是内行，说到拍文献纪录片更是外行。既然下了这样一个决心，时常在思考，这两年多来，也初步形成了一些浅见，简单说来，做个抛砖，以期引玉。

三、有关折射民国的几点构思

设想中叫这个片名的大型文献纪录片，如果正常拍成的话，当在40集左右。如果再集中一些，当在30集左右。据此称作大型，称作系列。看近些年，许多在中央电视台播放的片子，都叫"系列之……"。想不出更好的表述方式，姑且就用"中国长芦盐务档案中的民国"系列之……，可以不可以？当然，一定还有别的处理的方式。围绕着这个系列之……，大体要分八个专题，每个专题视内容，拍三集以上。可行性怎么样？反复打量过，觉得档案资料所承载的信息可以支持。这八个专题，分别是：《盐倾天下》《皇家金库》《引岸四海》《北洋赌场》《会社扼喉》《地灵人杰》《龙票种种》《落日有辉》。当然，这也都是暂定，大家尽可见仁见智。

"盐倾天下"，开篇要宏大，把盐的一般特殊历史意义讲清之后，很快就切入长芦。"长芦"是什么？它在北京皇都的哪里？它这个盐，在当时的国家里，占什么位置，在国计民生中，分量是何等的，特别是这个"盐务"为什么有这么大？等等，一下子就让受众感觉到，这个盐与那个盐的不同，里边准有大故事，好哇，一集集的看下去。这个开篇，要宽大，但必须是集中的，用足够的时间把盐与"天"的关系说透。就整个片儿来说，也可做个纲来看。"皇家金库"，此前想过，叫"朝廷金库"，这两个词比较起来，用"皇家"更合适一些。因为"朝廷"毕竟还有中央政府之意，盐税本来就是中央政府的。用"皇家"，指的皇家私家。没做档案工作的时候，真是不知道这种事，做档案工作，研究档案，慢慢的知道了这些，感觉十分的有兴趣，受震撼。在拙作第七页，用几行字来说的："长芦盐务档案的颇多记载，直接反映了长芦盐税在国家经济运行中的举足轻重和特有的'小金库'作用。如，在清代，除以长芦盐税收入供军政费用外，还规定，每年由长芦盐课项下报解内廷银一万两，作为补助内务府经常开支费用。甚至还规定了，皇帝制作官服及皇室丧葬一切花费，也均由长芦盐课下开支。"想一想，就是这几句话，要是展开、延伸开来考虑，该是一件多有意义的事情啊。现在我们出国，有个服装费，那时，皇帝的衣服谁制的呢？皇室所有人穿衣、日用，谁开支呢？原来在清代，还有与长芦的关系这码事。说皇家，已不是民国了。以史为据，以档为凭，哪个片子不是这样呢？"引岸四海""引岸"本来就是盐业的一个专业术语，泛指它的销售渠道和范围。引岸四海，就是要说长芦盐业它的开放度和它的世界性。它搞得这么大，在国计民生中的地位这么高，绝对不会仅限于国内的小市场。一直到现在，河北建设沿海强省，有的地方还在讨论，岂知啊，在100多年前，河北的沿海盐经济，就搞出了这么大的业绩！后辈人比比那些老辈人，有些方面退步了。查民国前后这一段，外国在长芦或围绕长芦，设过若干金融机构，如没有很高的外向度，不是个国际市场，外国金融来干什么？"北洋赌场""北洋"这两字应该是特指，叫"北洋政府""北洋军阀"，总之那时这么称，现在还这么叫着，这就是历史。规范意义看，"北洋政府"，也是民国政府，为什么不称民国称北洋？我想，因为民国让北洋的那几号人物糟蹋得不像样子了，不配叫民国，所以用北洋来替代。我想再过几百年下去，提起"北洋"，人们也会知道当年特指的"北洋"是这么回事。用赌场来反映当时的炮声隆隆，你抢我夺，各种利益大搏斗，认为是比较合适的。直接的意义上，没有当时的长芦盐业这个"金山"，那时的那一批批北洋军阀生存不了，他们抢来夺去，赌的是天下！另一方面，北洋人物既知长芦盐业的重要，也应知道没有长芦盐业了，他们就得垮台，所以他们之间，不光是搏斗的关系，还有内在的一种共同的需求关系。"会社扼喉""会社"，大家很容易想到"株式会社"，不错，就是特指日本的"株式会社"。"株式"与"会社"，其实是两个单词，多少年了，往往合称。"扼喉"代表掠夺、压制、扼杀等，用来说明日本占领期间的那一段历史。用"株式扼喉"合适呢，还是用"会社扼喉"合适呢？想过，用会社比较合适。株式指股份、股权；会社就是指公司、商行。从 1936 年到 1945 年，长芦落入日本人之手，日本人在这经管了七八年时间，是以公司名义来管理的，这反映出日本人的一种精明。他们控制长芦，无非两大目的，一是掠夺盐资源。看实体档案，有关这些东西多了，仅在民国 33 年 6 月的一份文件中，就记载了日军天津甲地 1820 部队一次掠走军盐 11500 吨。二是搜集情报。用"会社扼喉"，似乎又概括得不好，但暂想不出更合适的话来描述。客观地看，日本人从长芦盐区掠走的盐资源，档案记载的，应当是小小的一部分，没有记载的可能更多。形成在河北等馆的这些档案，又是当年形成的档案的一部分。我总在想，这么长的时间，日本人这么看重这个地方，日本国不能不保留有长芦盐务的档案。"地灵人杰"，重点反映什么呢？在这个地灵之地，孕育了中国民族工业的几个巨头，特别是与盐业加工有关的工业先驱，像范旭东，还有天津同人们考证出来的严休等。如再把盐商大亨考虑进去等，就更多了。这不光是为他们树个碑，立个传，更重要的是用他们来反映一段历史、一个民国前后民族工商业是在什么条件下、什么基础上孕育起步发展的。这些，档案材料也支持。设找这么若干位典型的人物，一个人写一集，或者几个人交叉叙述，都是可以的。"龙票种种"，什么意思？含义有二，一是真正的龙票，一是用龙票泛指产生于那个历史时期的各种各样的票券。这些票，连同档案一起，保存在馆里，大家目睹一下，特别有意思。它不光是琳琅满目让人看着那么受看，而且当你仔细打量品味的时候，那真是，实际上每一张票本身或者其背后，承载着深深的凝重，民族的灾难，社会的悲酸，各个层面的东西。这些不是档案的档案，更加珍贵，应当一同开发展示。这中间的故事，可以讲大，也可以讲小，是该有人讲的！现在人们对计划经济年代的粮票、布票，还有些小钞票等，都这么感兴趣，如果把那些百年前票据的历史文化价值、各种价值展示一番，岂能不是代表社会公众对档案文化需求的一种挖掘？这些龙票也好，其他票也好，还包括那些档案中的若干卷宗，如果客观打量，有的与盐、盐业、盐厂有一定的关系，有的与盐本身根本就没有一点相关。但为什么保存在了叫作长芦盐务档案的这些档案之中了？就如同现在我们想找些老文件之类的东西一样，档案馆可能没有，但大企业或民间可能保存了。既然形成了这种档案结构，对不关盐而藏在盐务档案里的这些档案，更要另眼相看。先一辈保存它下来，就有保存的理由和价值。比如，拙作提到了有关

"西安事变"的文书来往，蒋介石和张学良他们，在西安搞事变，这跟长芦有什么关系？还提到有关孙中山《建国方略》的多件文稿。这就引起近几年我经常思考的一个课题，长芦盐务的机构，万万不可忽视。一是它规格高，其规格如果按现在水准看，高于河北省政府，直属中央；二是规模大，其架子不仅高，而且大；三是层次多；四是分工明细。因为这件事重要，所以要设这么高这么大架子的机构。有了这么大这么高的一个机构，才能接收到全国上下四面八方各种各类的文件，从而形成了今天看到的这些东西。长芦盐务机构本身，非常值得研究。由此，就想到了另一个专题，"落日有辉"。在落日有辉里，用足够的笔墨，历史地、系统地、深刻地对长芦盐务机构作一下挖掘和梳理。我想，这个机构，确有它的特殊性。它既不同于官督商办，也不同于官督民办，说它是完全的官办，也不合适。究竟是什么性质？这正是它的魅力之所在。把它搞清楚了，分析透了，说不定对现在大企业如何管理也有借鉴意义。专家们、领导们应当有个共识：盐固然重要，没盐哪来的盐场、哪来的机构？但我们研讨策划拍片，应当立足于盐，又必须跳出盐。如果仅在盐上纠缠来纠缠去，这片拍不成。民国有盐，汉代也有盐，将来还有盐。从盐说到盐业，再深入到盐务，就与民国的社会经济、政治、文化、军事、外交等等，合光折射到了一体。盐身上，承载了太多的历史韵味，恰好就是长芦盐务档案具有的性质和特点。

（选自在"中国长芦盐务档案中的民国"大型文献纪录片策划研讨会上的发言，2012年12月5日，文内标题为整理时所加）

不只中国人才懂得居安思危

　　档案工作，记录历史、传承文明，服务社会、造福人民。正是本着充分发挥档案的"资政惠民"作用，并将档案文化开发纳入河北省文化强省建设整体规划的指导思想，河北省档案局从 2007 年起制定并实施了"资政惠民"丛书的编写出版计划，经过 6 年多努力，到 2012 年 12 月，《1928—1949 河北省大事记》《1952—1968 河北省省会变迁始末》《1949—1966 历史的名词》已相继公开出版，这是我省档案文化开发史上的一件大事。

　　丛书的编写、出版，一直得到了省委、省政府领导的重视和关怀。2008 年，省档案局向原省委常委、常务副省长付志方同志汇报后，付志方同志当即表示大力支持，并欣然同意担任《1928—1949 河北省大事记》顾问；2009 年，向时任省委常委、省委宣传部长的聂辰席同志汇报，聂辰席同志表示，这是一件很有意义的事情，并指示省委宣传部拨专款资助《1952—1968 河北省省会变迁始末》；2010年 11 月，原常务副省长赵勇同志对丛书的编写给予充分肯定，并提出了更高的希望和要求，"一个盐务的历史，多少心酸！多少苛政！开滦的历史，多少故事，你们都可以变成线索……去搞文学创作，写小说，写脚本，可以把它拍成电视剧，拍成电影，就是创新"。省委宣传部对相关工作给予了很大支持。

河北前称直隶。家有"家谱"，省有"省志"。说"河北省"，其源头，就应从 1928 年说起。民国政府为什么要将直隶改为河北？其进步意义在哪里？在阶级矛盾和民族矛盾时而凸显时而黏合的河北的这错综复杂的 21 年里，河北发生过哪些震惊全国乃至影响了世界的大事？《1928—1949 河北省大事记》，作为填补空白之作，编述的正是这段历史。全书 45.9 万字，所选大事 1786 条，利用河北省馆和保存在台湾的档案约计 5330 件，首次披露照片和档案原件 157 件。概括所选大事诸条，大体涵盖了以下六个方面：一是关于由直隶改河北；二是关于中共政权及武装力量与河北；三是关于民国河北省政府治河北；四是关于日伪政权祸河北；五是关于热、察、京、津与河北；六是知往大话鉴河北。在"关于中共政权及武装力量与河北"中,所选大事主要反映的是:说中共始终与河北人民在一起,这是不争的事实;"冀中"的出现,是中共与河北人民一道抗日而形成的显著历史性标志;中共政权制定的供养政策,凝重记载下了它是如何艰苦奋斗的;"新中国从这里走来",更使河北与中共的联系成为历史的定语。在"关于民国河北政府治河北"中,所选大事主要反映的是:应肯定河北省政府成立后办了大量的事,但它只能是一个"维持会";全民抗日战争起于河北,而河北省政府却选择了弃掉河北;河北省政府从成立到垮台,共产生过包括一人当了汉奸、一人根本没有到任过河北的十三任政府主席;以及河北省政府竟然逃跑至洛阳、郿县等地去"执政"河北等。在"关于日伪政权祸河北"中,所选大事主要反映的是:河北伪政权的存在,与国民政府和日本签订的两个协定有着直接的关系;"冀东防共自治政府"的出现,标志了在"七七事变"前河北的唐山、通州等战略要地已被日军所控;"河北省公署"的出现,标明了整个河北的沦陷;"华北政务委员会"的产生,助日军对河北的血腥统治进一步加剧;一份转交"重庆周副主席"(周恩来)的档案,不容置疑地记录了日伪政权是如何祸害河北的。知往大话鉴河北,鉴什么?掩卷民国的河北省政府,再思中共执政后的河北省人民政府，我们的观点是：一样的燕赵，不一样的河北：河北不应怀旧；河北应当奋起；河北应当团结；无论世情国情怎样变化，执政的政府应紧紧地依靠人民。这就是本书试图以档案揭示的规律。

省会，是一省政治、经济、文化之中心。从1949年7月中共河北省委恢复，紧接着河北省人民政府成立于保定说起，到1952年，河北省提出将省会迁石，历三年争取获准，经一年多建设投资2300多亿（旧币）下马，又历三年争取获准进驻天津8年，至1966年再回保定，旋即搬迁至石，却仍意犹未尽，再次提出回保，直至被周恩来总理所制止，可以说是举国罕见。毛泽东主席望着太行山，所说的关于河北省会的一大段话，也写进了书里。河北在省会选择上究竟怎么了？围绕着这些"是是非非"，《1952—1968河北省省会变迁始末》，做了翔实的揭示。相信该书的问世，对解开河北省省会变迁之谜，提供了一个导读，也提出了一个恐怕难免的争议的话题。全书共22.1万字，分7章42个小题。利用保存在河北省馆和国内其他馆的档案，共计800余卷，首次披露有关档案史料和照片等163件。通编全书中，我们沉重地感到：反思河北在省会问题上的选择，"起跑线"上的跑偏，其代价是巨大而影响深远的；建设工业化河北，必须要真建，而不是靠找，要找的是符合河北的路；河北省会是有了，但靠搬迁不会轻而易举地搬出中心城市；搞不好就想"撤并"的思维，在河北一些地方，有根深蒂固的残存，河北要强起，必须"转变发展观念，创新发展方式"。由此而得出这样的启示并非多余：发展才是硬道理，会建设才是真本事；要务实认识"畿"之特，在特字上努力建设新河北；教训是永不贬值的财富，河北应当记住这段历史。不能光去感叹历史不以人的意志为转移，已被国人不再使用的一个词"京津保"，或在不远的将来，变成相提并论的"京津石"。这是我们编书人的最大期盼之一。

"历史意味着过去。"每个历史名词的产生，都有着深厚的历史背景，蕴含着时代的韵味。从中国共产党成立起，党章里就写有"解放"这个词。到1949年，"解放""进城"，才成为中共执政的标志性用语。《1949—1966历史的名词》一书，共19.8万字，所选历史名词，从"解放"（1949年）说起，共计25个，计划到"文革"而止。每个历史名词，均以档案和相关资料为凭落笔，力求"一滴水见太阳"，既能引人深思，又能催人上进。

观一部人类发展史，天灾与人祸往往是并行的。不只中国人才懂得居安思危的道理。正在修炼待出版的《1958—1962河北省撤县并县复县史鉴》《1959—1962河北省抗渡三年特大自然灾害的历史警示》，均是直击新中国成立以来，发生在河北的天灾与人祸搅在一起的重大事件的力作。当年的大量档案记载，似乎早已在说，写好它，问世后，是应当引起历史震撼的，对于裨益经济强省、和谐河北建设，也同样具有不可替代的重大意义。

（选自在河北省档案"资政惠民丛书"首发式的发言，2013年2月6日）

附录:

价值无形　大用无疆

——关于档案价值及其服务功能的几点思考

2008 年 10 月 30 日

一、从"历史"和"有价值"两个方面，去认识档案和档案工作的重要性与特殊性，从而增强抓好档案资源建设的自觉性

档案学上，对"档案"二字如何定义，我没有研究过。在档案工作的实际上，对《档案法》上的那一大段话，我想过很多，逐渐地有了一些感悟。感悟什么呢？档案之所以叫档案，因它是由"历史"和"有价值"两个要素构成的。或者说，档案的特殊定性，就表现在"历史"和"有价值"这两个方面上。之所以这样讲，觉得是有根据、有针对性的。因为在人们心目中、一说起档案，似乎谁都明白，档案是有用的，有用，即是它的价值。但其价值如何估算、体现在什么地方？又难以讲清。所以，在当今社会的不少地方，就出现了这样一种现象：把档案和档案工作混为一谈；说起档案，认为它有用、它重要；说起档案工作，看不出它重要在什么地方。因而，使档案工作得不到重视，表现为比较受冷落，工作环境、条件比较差，人员待遇比较低，甚至被边缘化等。不知这样讲，大家认同否？如认同，再重复一下：对档案，恐怕没人说它不重要、没有用；而对档案工作，现在真的有人认为它不重要、没有用。这是什么原因造成的？思来想去，有一条原因是重要的，就是：有相当一些人们，包括讲档案学、做档案工作的人，不能够从理论与实践的结合上去讲档案的价值，从而对档案工作的性质、地位和作用说不清，天长日久，就使不重视档案工作的这种现象产生了。以高校为例：过去，不少综合性大学，设有档案专业，现在，设这个专业的越来越少了。据了解，除了中国人民大学、河北大学等还有个档案专业外，一些高校已把这个专业撤掉或改叫别的了。这种局面，是历史的进步，还是档案的不幸？值得深思啊！所以，讲档案价值，应当从理论与实践的结合上去探讨；讲档案工作，应当从其自身工作的作用上去思考。

看《中华人民共和国档案法》对档案的定义，即："本法所称的档案，是指过去和现在的国家机构、社会组织以及个人从事政治、军事、经济、科学、技术、文化、宗教等活动直接形成的对国家和社会有保存价值的各种文字、图表、声像等不同形式的历史记录。"不算标点符号，这段话，81个字，算上标点符号，近百字。读书虽不多，也背过一些概念、定义什么的。像这种对"档案"做表述的，很少见。凡事大概都这样：越说不清，越要多说；越说多了，反而越说不清。在局里开会时常讲，中国有文字记载的历史这么长，"档案"二字，至少早在汉代就形成了。中国档案，确实是有理论、有学问。但传统的那套档案理论，是否离现实越来越远？讲档案学的人，是不是人人都懂档案、能对档案的有用性即价值说得清？做档案工作的人，是不是人人都能把档案工作在经济社会发展中的"角色"说明白？与时俱进的档案学说和档案工作理论尚未形成，这才导致了档案界仍处于一种阵痛之中？

结合实际的档案工作，如把冗长的"档案"定义简化一下，依我看，其核心、其实质，无非就十个字："有保存价值的历史记录。"别管是党政机关、社会组织及个人的，是政治的、军事的、教育的、文化的、科技的，还是声像的、图表的等等，不都是"有保存价值的历史记录"吗？

凡是有保存价值的历史记录，通过整理，立卷保存，不就形成档案了吗？就叫档案了吗？什么"唯一""不可再生"等，都不是它的根本属性。按照个人对档案的理解，"有保存价值的历史记录"，其要害，就是上面所谈的两句话：一句叫"有价值"，一句叫"历史记录"。对"历史"这两个字，应理解为，它不是通常意义上的历史之意，而是特指"过去"；对"有价值"如何认识？尽可见仁见智。个人看法，应从人类为什么要写档案、保存档案上去理解它，从档案的有用性上去理解它。一句话，因为它有用，才带来了它的价值；而它的价值，是最难衡量的。计划经济年代，档案不是产品，不能分配；市场经济的今天，档案不是商品，不能上市流通。它的"用"、它的"价"，主要体现在哪？如用一句话做答：档案保管得越好，传承得越久，才越有用，其价值才越大。这是由档案的"历史"性所决定的。再说简单一点，档案的有用，主要表现为对后世、对后人的有用。话说到这里，随便再谈一个观点。常听有人说："档案是历史的真实记录"，这话恐怕经不住推敲。档案既然形成了，它自身的每一页、每一卷，都是真的，但它所记载的内容，未必都是真的。以人事档案为例，有人到退休时，总纠缠出生年月和参加工作的时间等，你翻开他的档案，有多次登记，都是他亲笔写的，如有一次是真的，其他那些次均是假的。因为记载内容有误、有假，你不能说这卷档案不是档案了吧？价值有大有小，赝品也是有价值的。所以，"真实的历史记录"，这话还是少说为好，因为价值与真实是不能画等号的。

对于档案工作性质、地位、作用的表述，老一辈无产阶级革命家，多是从政治、军事那个时代的背景上去说的。现在看来，2005年王刚同志的那段话，才更贴近档案与档案工作的实质。即："档案工作是一项记录历史、传承文明、服务社会、造福人民的重要工作，利用档案为党和国家现实工作服务，就能充分发挥档案的价值和功能。"这段话的前四句、十六个字，表述的是档案的价值即有用性；后一句话，表述的是档案的价值即有用性的实现。特别是，对后面那句："利用档案为党和国家现实工作服务"，需要我们务必注意、务必深思。因为如果不注意、不真正理解、不去实践，只会陷在"历史"里纠缠不清。只有切实认识了，越是"历史"的，越要贴近现实，档案只有在为现实服务中才能展示出它的价值和作用，才能把实际的档案工作定位在围绕中心、服务大局上，才能增强越是历史的越要贴近现实的自觉性。讲"利用"，关键在于"用"。只有"用"，才有"利"；只有"用"，才能找到为现实服务的平台和途径。这是档案工作的历史责任和现实使命。如果借用王刚同志这十六个字、两句话，把档案工作简化为"记、传、服、造"四个字，大家恐怕是赞成的。总之，档案是档案，档案工作是档案工作，它们是相辅相成的两件事，不能简单画等号。同志们，让我们咬文嚼字一下，档案工作"记、传、服、造"这四个字，全是动词啊！如果浅表地认为，档案是档案，档案工作是档案工作，档案对后世有用，对后人有用，那我们现在不抓档案资源建设有理，不抓开发利用有理，只让已有的档案束之高阁，就大错而特错了。我们应当明白，前与后，总是相对的，前人与后人，也是相对的，把昨天的记录拿到今天来看，已经是"过去"；把今天放到后天去打量，今天又是历史。相对于祖祖辈辈为我们积攒起来、流传下来的那些档案，我们就是后，我们就是今天，我们就是现实。如果不是这样理解，不去抓资源建设，不去抓利用开发，不为现实搞好服务，相对于前人，说重一点，我们是不懂事的子孙。特别是，要看到，档案工作的地位和作用，是随着党委、政府工作重心的转移而不断变化的；社会公众对档案的需求，是随着经济社会发展物质文化生活水平的提高而不断增长的。在省委农办主任岗位上，去河北农大多次，曾驻足于农大建校的那个批复前，连发感慨：那是当年袁世凯在别人请示了好几次没批准的情况下，再给慈禧太后上书，慈禧太后在袁的折子上只写三个字"知道了",中国农业大学堂就诞生了。现在,慈禧的那个批件保存在台湾,要是台湾出卖的话,我想,农大宁可花巨资也要买过来。可惜,人家是不会卖的。在赵县开会那天,讲到档案和档案工作的价值与作用,用了八个字,叫作"价值无形,大用无疆",整理录音时,可能对这八个字没听清,给我留了空格,我一看,毫不犹豫,填了一个空:"价值无形,大用无疆"!

凡道理,应经得住重复,经得住试验。返回去,再从"历史"和"有价值"这两个方面,去认识档案的特殊性,我竟然得出一个结论,说出来,大家可能感到有点惊讶:档案的价值,说来说去,体现在它的滞后上!凡事都是辩证的统一,如想不通这个道理,或以为滞后就没有用,就难以理解,"历史"指"过去";难以理解"利用档案为党和国家现实服务"。现在,有些浮躁的现代人,对档案工作看不起,一个直接原因,恐怕是觉着档案对现实没有用,没大用。这样的人,不可能真正认识档案的价值与作用。因此,中央提出了科学发展观,要求我们的发展,要讲以人为本,要全面协调可持续,要统筹兼顾,在当前,就是要抓好以改善民生为重点的社会建设等。一个民族,如果只追求那些今天能得到的现实,并把这个现实理解为数票子的话,这个民族,魂能不能传下去就要打折扣。说档案的形成是滞后的，应当没问题。因为，从时间上看，档案只能形成在人的活动之后，不能形成在人的活动之前。如今天，把这堂课讲完了，感到有价值，记录下来，形成档案，过几年、十几年、几十年以后再看，它不就是滞后了吗？这时的"滞后"，应当就是当时的"现实"。再从档案所记载的内容上看，更是滞后了。一句话落地，便形成了"过去"，一个字写在白纸上，就变成了"历史记录"。由此，又想到经常说过的一句话：档案是滞后的，但是档案工作不能滞后，档案人的观念不能滞后。档案工作的业务建设有很多，无论是档案行政管理部门，国家档案馆，还是机关、团体、企事业单位，包括高校在内，有一项基本功，都必须牢牢抓在手工，这就是档案资源建设。一个国家，有各种各样的资源，档案应是一个国家供全民共享的特殊重要资源；世上有各种各样的精神文化遗产，档案是各种精神文化遗产的重要组成部分。档案确实是有用的，就是人用它不用它，什么时候用它的问题；档案工作确实是有用的，关键是做档案工作的人，首先要把档案工作自觉地置于为经济社会发展服务中，置于为党和国家的工作大局服务中。没有档案，就没有档案工作。档案是档案部门的工作平台，又是档案部门的工作对象。档案越多，档案部门的工作平台越大，工作量越大，对社会的贡献也越大。而档案这座开掘不尽的宝藏，是由一卷卷、一件件具体的文书、资料垒成的。如守着"金山"要饭吃，不会在"利用档案为党和国家现实工作服务"上做文章，那是我们档案工作失责；如不会通过我们的手，通过年复一年，日复一日地劳动，把该收集、整理的有价值的各种历史记录，尽可能多地形成档案，使档案这座金山日益壮大，也是档案工作的失责。在资源建设这个问题上，现在从河北的实际看，人们的重视程度越来越高，采取的措施也越来越有力，但仍有较多不尽如人意之处。主要是，从档案部门来看，有的虽然天天讲这个建设，实际抓不到点子上，落实不到"接收"这个根本上。资源建设，说一千道一万，根本是两个字"接收"。有了接收才谈得上整理，有了接收与整理，才谈得上使"有价值的历史记录"成为档案，才能增加档案数量，改善档案结构、丰富档案馆藏内容，为经济社会发展、为人民群众的需求提供源源不断的档案支撑。从档案部门之外来看，有相当一些地方的部门，把档案视为自己的"私有"，为部门使用方便，不肯依法及时向档案部门移交。站在与时俱进的时代高度，看待当今的档案资源建设，仅讲"依法"是不够的。因为众所周知，所谓"法"，本身也是滞后的，所以，每隔一段时间就要进行修订。有些"有价值的历史记录"材料，如等到立了法才去干预，才去接收，可能已经流失或者损坏了。因此，讲档案资源的大建设，落实到接收与收集上，起码应强调以下三点：一是，凡有法律明确规定的，必须依法接收；二是，凡法律没有规定不可接收的，只要有条件，均可接收与收集；三是，涉及多部门、多门类、规定含糊交叉的，应由档案部门统一协调，制定政策，据实抓好资源整合，通过整合促进接收。做好这些事情，不仅要有奉献的精神，而且要有创新的思维和方法。

二、从"纸质"和"电子文本"两个源头，去敏思档案载体的历史性变化，从而增强抓好档案数字化、信息化建设的自觉性

档案形成的源头在哪里？千百年来，提到这个问题，恐怕人们都把档案与纸联系在一起。所以，直到现在说档案，我们就一下子想到纸。说档案形成于纸上，又经过纸这个载体，得以长久流传，是有道理的。至于在竹简或帛上留下的文字，由于太少，又难辨认，更重要的是难以流传，所以，人们不把它与档案联系在一起。从这个意义上讲，人们共认的档案形成的源头应当是纸，在纸上写的字。再追溯，就只能追到纸本身。自从蔡伦发明了造纸，才有了现在通俗讲的档案的形成与流传。如讲纸是档案形成的

源头；那么，纸的发明在中国，世界档案的源头应当也在中国。这是个人看法，不含那些争论不清的实物档案。有好多实物，怎么会是档案呢？只是把它当作档案看待而已。如天上掉下一块陨石，这石本身，是人的活动的记录吗？拿到档案馆、博物馆来，谁知道陨石从哪个星球上掉下来的，在大气层里又待了多少年了，说不清。所以，一直到十几年前，实际收集、整理和保管的档案，都是纸的，照片也是纸（相纸）。但自从有了声像档案，档案的源头就开始发生变化。特别是，兴起于 20 多年前的这场信息革命，不仅把包括中国在内的这个世界变了样，也导致了档案载体的历史性改变。因为档案载体的这个历史性改变，带来了档案形成的另一个源头，即电子文本档案的产生。

现在，中华人民共和国已发布了信息公开条例，指定各级国家档案馆为政府的信息公开场所。河北省档案局于今年出台了《电子文本档案的管理办法（试行）》。2006 年、2007 年，就曾研究过这个问题，但当时没有这么高的紧迫性、自觉性。今年，省档案局加快了速度，出台了一个暂行规定，尽管这个规定还比较粗。中国的党和政府，包括档案界，在电子文本档案刚一形成，就敏锐地认识并且抓住，对档案的数字化、信息化建设，越来越重视，这均是由档案形成源头的历史性变革引发的，均是一种与时俱进的反映。现在，要求各级国家档案馆、各类专业馆、各类档案室、移交、保存档案，都要实行"双套制"，一套是纸质的，一套是电子文本。有人说，既然把电子文本送来了，何必还要那些纸的呢？道理在于，虽然档案形成的源头发生了历史性变革，档案的载体有了多种，但是，档案的性质没有变，即"有保存价值的历史记录"没有变。电子文本档案，也是"有保存价值的历史记录"。但从载体自身看，从技术上说，"电子"虽也能够形成档案的载体，但它还不能取代纸质。纸质的档案，经过了千百年的时间考验，可以流传久远；而电子文本档案，究竟能够保存多少年？未知。它是否能经受住千年的考验，就更难说了。既然"未知"，又"难说"，何必花大气力去抓档案的数字化、信息化呢？这是当今一些地方，抓信息化建设积极性不高的主要原因。在这一点上，我要说的是，我们应当尊重科学，尊重发展，正是这个"未知"和"难说"，反映了档案自身发展变化的趋势和方向。不是吗？按照现在的保管条件，纸质档案保存1000年没问题，新的科学保管技术还在以令世人难以预料的速度发展变化之中。电子文本的档案，能流传多少载？先别说黑客攻击篡改，就它自身会发生什么变化，确未可知。就拿以前的286、386电脑来讲，当年在这些电脑上形成的文字，拿到今天的计算机上，有的就读不出来了。家庭也是这样，十几年前用 VCD 录的影像，用现在的机器放不出来了。新技术更新换代太快了，我们档案工作怎么办，一句话，不能倒退，不能停滞，只有紧跟。所以我用了"载体的历史性变化"这个词。希冀对这种历史性的变化，我们档案工作机构和档案工作者，要用历史的眼光去打量，自觉跟上时代发展的步伐，千万不要落后。在这方面，省馆近几年研究的力度不算小，但取得的成果有限。按照《档案法》的规定，河北省档案局馆行使对全省档案工作的指导监督之权，在数字化、信息化建设方面，我们也想负好这个责任。可是，由于视野所限，技术水平有限，所积累的成果所限，惭愧地讲，指导不好，远不如指导纸质档案的收集、保管和利用轻车熟路。今年 8 月份，我转了省直两个地方，其中有中国网通河北分公司，公司的前身是河北省邮政事业管理局，其 1960 年之前的档案，现都保存在省馆。这个单位，1960 年改称省邮电局，后在多次演进中叫了中国移动、中国网通河北省公司等。看网通对档案数字化、信息化研究的程度和管理运用的程度，远远地超出了省档案局。其实，从 2006 年起，省局就与北方交通大学合作开发过一套软件，目的是，力求在全省搞个统一规划、统一布局，使数字化、信息化工作尽量少走弯路。但推行起来，难度相当大。这样，在档案的数字化、信息化建设上，又带来了一个新问题，就是，要不要搞统一规划？如不打破档案管理的封闭局面，不实行开放办馆，无论纸质档案，还是电子文本档案，都难以充分得到利用，而档案不能被利用，其价值只能停留在"无形"。按道理，打破封闭，需要统筹规划，而统筹规划如搞不好，又容易造成新的封闭。假如河北省180多个县级档案部门，没有统一规划，各搞各的，你用这系统，我用那软件，虽然将档案全部进行了信息化处理，录入了电脑，别说100年以后，可能十几年以后，会形成你一条路，我一条路，但路路并不相通。如果是这样的话，怎能实现档案资源全民共享呢？依我看，造成电子文本档案利用难的原因，不在于电子档案本身，也不在于统一规划，而在于究竟怎样规划问题。任何一个部门搞规划，都要面向未来，而且一定要跳出部门所有制。实际上，现在有些规划，只是部门实现新的垄断的手段而已，垄断必然封闭。从这个意义上看，如何实现开放办馆，如何实现档案资源全民共享，确也是个历史性的难题。难，主要难在"利用安全"上。利用安全，当然要讲，而且要落到实处。但什么是安全？如以陈旧的观念片面强调安全，必然还是封闭。明摆着，有些档案，早到了开放的法定期限，就是不能让社会人看，这与纸质的、电子的有什么关系？新的高科技出现，本来是打破封闭的，总不能用新手段、新技能又造成新的封闭！我深深地感到，河北省教育厅高度重视档案工作，今天听李厅长讲的第二个问题，就是档案的数字化、信息化建设，说明教育厅的领导，在省档案局没有向高校档案工作做出部署之前，已经在抓这件事情，远见啊！希望在这方面，我省的各个高校，都要力争走在全省的前列。省局也要专门再做一些调查研究，以利于共同完成好这个新的历史条件给我们档案工作提出的新的历史使命。反正，不抓是不行的，早抓比晚抓强，抓得快比抓得慢强。相信各个高等学府，在这方面，能走在全省的头里。

档案形成载体的历史性变化，给档案的资源建设，给档案的利用开发等，均提出了新的更高要求。这个要求就是：资源应当大整合，开发应当大加强，利用应当大拓展。站在河北看全国，档案与档案工作，虽然也经历了改革开放30年的历程，但仍处于一种半开放状态之中。赵县，前年县国家档案馆的馆藏量，是22000多卷，在县委、县政府的领导下，档案部门和档案工作者奋力，搞了一下档案资源的整合，到今年9月，馆藏档案就达到96000卷。什么是档案工作者为时代、为后人、为社会做贡献啊？这就是。因为档案是有用的、有价值的，现在收集了这么多资源，别看今天用途不显，将来对后世的作用大了。赵县在搞资源整合的过程中，曾遇到了一个难题，有的部门为了自己使用方便，不愿意向县国家档案馆移交。他们认为，档案是本部门建的，应属于本部门管，甚至还举例说，《档案法》上，《条例》上没说移交，省局的文件上也没说移交，有的文件，说暂不交等。10月份，我在石家庄市的裕华、新华两个区搞调研，对加强档案资源建设，丰富馆藏内容，改善档案结构，特别就档案接收问题，谈了如下看法：不要仅讲依法接收，要多讲，凡是国家没有禁止的，都可以整合，可以收集，可以接收。"韩信用兵，多多益善"。凡城市的社区馆，馆藏量都不多，不是没有资源，是工作原因造成。所以，那天听石家庄王彦明局长和赵县谈遇到阻力后，我当即表示，把省局的那些不合时宜的文件废了。那天参加会的，都是石家庄县（市、区）的主管书记们和县长们，不好意思多讲别的，援引了《档案法》的一句话，《河北省档案工作条例》的一句话："各级人民政府领导本辖区档案工作""各级档案行政管理部门主管本行政辖区档案工作"。接下来又谈了个人观点，我说，档案是谁的？档案不是个人的，不是部门的，包括不是档案部门的，是国家的、是全民的，最终是属于全人类的。说这话，我认为，与会的书记们和县长们是服气的。

　　档案不是个人的，不是部门的，包括不是档案部门的，讲这些，我认为没有错。包括河北省国家档案馆存放的巨量档案，哪一卷也不是河北省档案部门自己的。白色恐怖年代，中共一露头，国民党就杀头，中共的那些档案，更是密中之密，谁保存着那些机密文件，如叫国民党反动派抓住，基本没活着出来的。中共档案形成在血雨腥风中。那时候的中共档案，可以说属于中共"私有"。以后，中共执政了，这些档案就进了中央档案馆，成为了最重要的国家档案。说这些话，对省、市、县三级国家档案部门来讲，不仅是为了一种转变观念，为了一种大接收、大发展，而且更为了促进省、市、县三级国家档案馆的建设。因为说到底，公共资源应由国人共享，共享，需要建设现代化功能的公共档案馆，以为社会公众提供享用公共资源的阵地。

具体到高校，也应是这样。不仅要十分重视档案资源建设，用创新的理念整理、收集、保存好各类文档，而且，要大力加强档案馆、室的基础建设，促进保管条件的改善和管理手段的升级。如保管条件和管理手段没有升级，老是停留在四五十年前那种水平上、那种管理模式和管理手段上，我们怎么能提升档案的功能？在这一方面，高校存在什么问题，我讲不好。希望同志们回去后，也要琢磨琢磨这个事情。不然，光说数字化、信息化没有用，也做不成。听李厅长讲，有几个高校要建档案馆，这是大事、喜事，非常支持。各校有什么想法，省局可以助一臂之力。以河北大学为例，如20世纪就是那个档案室，就保存着一张清朝的地图和其他，到现在如还是那个样，这怎么能与高校飞速发展变化的形势相适应？别说科学发展了。究竟是领导不重视，体制有障碍？还是我们档案工作者思想不解放，观念陈旧所致？各个方面都要想一想。如属于档案工作观念有障碍，要多从内部找原因；如果是领导了解不够，应该通过什么手段和办法，达到让领导重视起来，那也是我们的责任啊。看我省形势，各高校建立档案馆，从教育厅来说，无障碍；从河北省档案局说，无障碍。各高校档案室都建成档案馆才好呢。不仅是名称要变，而且要建实体的档案馆。农大、河大能挂档案馆的牌子，师大怎么就不能挂呢？师大要是能挂，那科技大、经贸大怎么就不能挂呢？大家可以给我打电话、写信或用其他渠道联系，我们共同探讨研究解决好这些实际问题。凡事都由人来干。工作在全省各级各类档案岗位上的每一位同志，都要认真培养自己对职业的感情，努力创新对职业的职守。我省开展实践科学发展观活动，主题是"创新发展观念，转变发展方式，推动河北又好又快发展"，据此，河北省档案局提出的主题是："创新档案资政惠民机制，服务河北科学发展"。说实在的，进了档案局这个门，如年复一年，月复一月，日复一日，只从事那些所谓的看护档案的工作，真是感到枯燥。有时候，我跟局里的同志们说，佩服你们啊，进了省档案局这个门，就没出去过，这也是功夫。在这么一种环境中度过一生，说好听的话，是为档案事业贡献了青春，贡献了一生。可是，如往深里想想，如果只是这样坐冷板凳，没干过什么对事业发展有益的事情，可说是浪费人才，压抑了人的积极性、主动性和创造性。谈"贡献"，与人员合理流动不矛盾。进了档案局这个门，一辈子不再出去，我极力的不赞成。别管是处长还是哪位同志，尤其是年轻同志，我就盼着你们能出去，跳出档案部门去，你跳出档案部门，又有新的同志进来，这样，才容易形成一种良性循环，有利档案工作充满生机和活力。立志做一辈子档案人，应把志立在推进档案工作发展上，立在实现自己的人生价值上，立在为党和国家档案事业做贡献上。因此，鼓励档案工作者创新职守，应包括积极研究建立有利于档案事业发展，有利于档案工作者流动的机制，这是发展档案事业的本中之本，基中之基。

三、从"资政"和"惠民"两个视角，去展望档案工作的两条根，从而增强对档案开发利用的自觉性

刚才已讲过，档案与档案工作不能简单画等号，这是

从档案与档案工作的性质不同上而言的。但档案和档案工作，毕竟有着密不可分的内在联系，从这一点上，又是可以画等号的。这个等号叫作档案和档案工作的根本目的和最高原则都是利用。人类之所以写档案，保管档案，绝不是为写而写，为保存而保存，其根本目的，最高原则，是为了用。理论不彻底，不能叫理论。大家想一想，是不是这个理？说档案和档案工作的根本目的和最高原则都是利用，先别管别人怎样理解，各级档案部门，对此认识并不统一，并不清晰。所以，省局召开学习实践科学发展观会议时，我讲了整整两天时间的话，下来我问："你们觉得有所触动的是哪一方面？"好几个人说："管理。"我没预料到，"管理"这俩字，直到今天讲出来，竟还能深深地打动档案工作者的心。可见，把管理作为根本目的，还是把利用作为根本目的，成为一种观念，深深地积淀在一些档案工作者的脑海里。档案工作，长期以来形成的保密性要求、封闭性工作方式，与"滞后"两个字为伍的环境，容易造成档案工作者的观念慢"半拍"，对这话，不知同志们是如何看的？那天，我讲完了后，有位老同志说，"文革"期间，曾经批判过一个口号，叫"利用为纲"，所以"文革"后，就对"利用"二字产生了余悸。我说，你怎么不早讲啊，如果你早讲，我在今天的会上，要专门讲讲"利用为纲"问题。"利用为纲"有什么错？档案和档案工作的根本目的和最高原则就是利用。不以利用为纲，以什么为纲？管理，不过是人类达到目的的一种行为、一种手段而已，管理本身决不是目的。如死死地抱着狭隘的"管理"这俩字不放，实在是一些做档案工作的同志认识上的落后之处。如单纯讲管理，我认为，作为一个省档案局（馆），应该从大管理、大职责上去考虑它才对。看《档案法》也好，《河北省档案工作条例》也好，省政府给档案局的"三定方案"也好，河北省档案局的职能定位是："授权行使全省档案行政执法、行政管理和档案保管利用两种职能。"这就像开宗明义说的档案定义一样，这个职能定位也是含糊的。这哪是两种职能？这是四种职能。"局馆合一"，全中国都这样。在省局开会我讲过，昨天在北京开会，我也这么讲："局馆合一"，实在是一种无奈的选择，这看似提高了馆的级格，实则降低了局的行政地位。要讲管理，首先应讲如何行使好对全省档案事业发展的宏观管理之权，绝不是河北省档案局光管河北省档案馆的这一帮人，这点事。文件规定是这样，怎么偏偏理解成对那些死档案的管理？这有点太不与时俱进了。河北省教育系统是个大系统，这么重视档案工作，可在日常，作为省局，与教育系统的档案工作发生多大的联系呢？很有限。这点联系，从 20 世纪有教育厅、有档案局就开始了，直到现在还是这点联系。今天到会的省局的各位处长同志们，你们听了李胜利厅长讲的那些话，跟我平常与你们说的，有多大的区别吗？两个部门的领导没有谋面，但想到一块去了，是什么原因捆着你们的手脚走不出去？甚至对一些单位连人都不认，连门都没进，这还谈什么管理？

　　档案工作有两条根，我把它表述为：一条叫"资政"，一条叫"惠民"。资政，简单地说，就是为各级决策机关服务；惠民，简单地说，就是为社会公众服务。这两句话，几年来，说了上百遍，尽管每次表述不大相同。真心希望每位同志，特别是省局的同志，能理解它、创造性地完善它。"资政"是老根，可追溯到自从中国有档案，目的就一个：为资政而用，为领导机关决策而用。千百年来，直至改革开放，档案根本不向社会开放，它封闭有它的道理，因为它只为决策者服务就行了。现在，资政这条老根，仍然延续，生命力依然很强。对这条老根，我们应设法让它发新芽，不使它萎缩。资政，对省、市、县三级档案行政管理部门和国家档案馆来说，反映在日常，就是要紧紧围绕各级党委、政府工作大局开展工作；对高校来说，就是紧紧围绕校党委和校委会、围绕书记、校长开展工作，为他们决策、管理好学校、指导好学校事业发展服好务。如果高校的档案馆、档案室，不能围绕校党委、校委会工作大局、工作中心去提供服务，在校党委、校长那，遭到点冷遇也是可想而知的。还建馆？给保留几个人守摊就不错了，是吧？这就要求我们的工作，一定要积极，要主动，要千方百计贴近校党委、校委会的工作中心，而不能游离于之外。主动找活干，这是三年来我的重要体会之一。档案的特殊性，带来了档案工作的特殊性；这个特殊，表现在工作的各个环节。如果你不想创新，不想干事，真的没有什么紧迫感，挺舒服的；可是，你要想创新，想干事，活儿也是干不完的。社会上，有人认为档案工作是软指标、无任务，其实不是。档案工作有大量事可以做，有些事也是挺硬的。讲"惠民"，这任务就更大了。作为各级档案行政管理部门和国家档案馆，就是要通过各种渠道、各种手段，尽力使档案满足社会公众的需求，为以改善民生为重点的社会建设做贡献。服务民生，对于高校来讲，对象应是广大的师生。老根，我们要叫它生新芽；新根，我们要尽量地让它向社会公众延伸。这样，我们的档案和档案工作，才能越做越活。否则，在这个日新月异的改革开放年代，档案工作被边缘化的趋势会日甚一日。根据《中华人民共和国信息公开条例》，省政府办公厅规定，各单位的电子文本档案，从形成之日一周内，要交省政府办公厅，社会公众如查阅利用这些文件，应到河北省国家档案馆。让社会公众享用现行文件之初衷，无疑是好的，我们是阳光政策、阳光政府嘛。可是，从近一年的情况看，来查阅利用这些现行文件的人不多。想了想原因，一方面，可能是现在各种传播渠道太多了，社会公众早已通过其他渠道了解了这些信息；另一方面，可能是某些地方的政府公信力差，老百姓信不过，认为看那些文件没什么用。

甭管怎么说，讲发展也好，讲科学发展也好，发展，说到底，是由需求决定的，是由利益驱使的。是由人来完成的。档案和档案工作地位的高低，说到底，也是由需求决定的。决定档案发展的需求，也来自两个方面：一个是，来自于"资政"，一个是，来自于"惠民"。当你深刻地洞察中国档案50多年走过的路，你会发现：党委、政府对档案的需求，确实是随着工作重心的转移而转移的；社会公众对档案的需求，确实是随着物质文化生活水平的提高而增长的。这也算个小小的理论吧。当认识到这一点的时候，你的眼光会豁然大亮，追寻档案服务的前进方向的自觉性就会大为增强。不是吗？在不同时候，不同的阶段，党委、政府对档案的需求是不一样的。从河北省档案发展史看，越往前推，党委、政府对档案工作越重视，当然现在也是很重视的。从理论上认识到这些，便于我们开拓思路，解放思想，找准档案服务的方向。而社会公众呢？是另一种情况。他们对档案的需求，是随着物质文化生活水平的提高而增长的。这就是近两年来河北省档案局大力推进"百万家庭建档工程"的理论依据。通过这一活动，把档案服务向民生延伸了一下，向以改善民生为重点的社会建设靠拢了一下。档案工作向以改善民生为重点的社会建设靠拢，对于高校也适用。刚才听李厅长讲，高校的档案在教学评估等方面很有用，我还听省局处长们给我反映过，说李厅长说过：学校搞评估升级等，你不用去造这表造那表，只要平时把档案工作做好了，什么都有了。这话讲得真是太好了。高校档案工作大有可为，这个"为"，就"为"在利用档案为高校现实工作服务上。

档案的开发利用，内容十分丰富，前景非常广阔。但从河北省来看，目前还是有点不景气。开发的力度小，层次浅，手段单一，成果太可怜，与人民群众日益增长的档案需求，与档案资源共享的时代要求比，相距还远。档案就那么多，到档案室、档案馆直接查阅利用档案的，永远只是少数人。建起现代化的多功能的档案馆，也不可能引来成群结伙的群众天天络绎不绝的来这翻阅档案。档案要开放，但档案库房永远要封闭，查阅利用档案的手续也不少。通过我们档案人之手，把那些死的信息变成活的，把那些封闭的信息变成开放的，使档案中那些有价值的信息变成为群众能够享用的一种载体，从而扩大档案的服务范围，增强服务效果，这才是档案人要经常考虑的。这是一项长远的战略性任务，不是权宜之计。如档案人守着档案，自己都不开发利用，让社会人提高档案意识，那不是本末倒置了吗？档案开发利用，有多种途径、多种举措，时间关系，不能讲那么多了，只能讲讲加强联合开发这个问题。在这方面，今年，河北省档案局做了不少工作，准备推出一套"资政惠民丛书"，其中有一本，就是与河北师范大学历史文化学院共同开发的《中国长芦盐务档案精选》。对省局自己搞的几个大题目，也点一下：比如，《1928—1949河北省大事记》，人有人名，家有家谱，省有省志，在座的同志，猛不丁一听，谁能马上想起来，"河北省"是从哪一年叫这个省的？ 1928到1949年那一段，河北又是怎么过来的？讲河北省"河北"这俩字的源头，在1928年，如续"河北"的家谱，当从1928年开始。还有，《1952—1968河北省省会变迁始末》《1958—1962年河北省撤县并县、复县史鉴》《1959—1962年河北省抗渡三年特大自然灾害的历史警示》等。既然省局可与师大历史文化学院搞联合开发，与其他高校也可搞优势互补、合作共赢。河大、农大、经贸大、工大等，我们之间应有大量可以合作开发的内容。

校方投点资，省局投点资，再向政府争取点资金，可推出一套又一套的"资政惠民"成果奉献于世。我深深地盼望着，同志们回去后，在这方面动动脑子。

一个省馆，如果没有几项叫得响的开发成果，那社会上谁知道你省有个档案局？一所高校，如果能拿出在社会上叫得响的档案开发成果，也是展示高校形象，反映高校深厚文化底蕴！既然与高校可搞合作，那我们与企业同样可合作。比如开滦集团。美国第31任总统叫胡佛，曾经在开滦工作过7年之久。从20岁，在中国的开滦，一直工作到27岁，他的职务，相当于现在公司的董事长秘书。开滦那时候是和美国合作，英国人想插手开滦，胡佛就代表企业、代表中美两国，与英国打官司。大概是"七七事变"之前，中国人为争开滦，曾经跟美国人僵持不下，胡佛又代表美国与中国打官司。由胡佛起草的跟英国打官司的那些材料，形成了厚厚的诉讼档案，都保存在开滦集团档案馆里。6月份我去开滦时，曾经跟开滦的同志讨论过，联合开发《从开滦走来的美国总统》，他们说，这题目好。中国革命史上，有一章"宁都事变"，事变的主角叫董振堂。董振堂，是我们河北邢台市新河人。去年，新河县刚落成董振堂烈士纪念馆。"宁都事变"的另一主角叫赵博生，沧州老乡，黄骅人。对董振堂同志，我没做档案工作时，对他不太了解，2006年去西北，到甘肃省馆看了看，回来，又到新河与县委叶宝权书记进行了讨论，触动太大了。我觉得，要是与新河县合作，公开出版一本有关董振堂的书，很有意义。河北省档案局，前年给董振堂烈士列重点档案抢救保护费10万元，这是最多的，以后，有了钱，再多拨些，让新河县好好的收集、整理、保护好董振堂烈士的档案。这即是说，跟有关县、市政府，也可以合作的。

借此机会，再说说共同繁荣档案学术交流之事。要改变档案冷落、档案学术研究不景气的现状，也是我们的一大任务。河北省有一个档案学会，因聚拢人难，一年大会小会开不了几次。河北省高校档案研究会，能开这么好，值得我们学习。自从那天接了邀请，我就琢磨，河北省各级各类档案工作部门，各种档案学会、研究会，都负有对档案学术研究之繁荣的责任。叫研究会的是咱们教育厅，其他行业、其他部门还有叫什么的呢？应当团结起来，以学会为阵地，把档案学术研究的氛围搞得浓浓的。有大量企业的产生，就有大量企业的破产。现在，对破产企业档案的接收，已成为三级档案行政管理部门抓的重中之重。企业经营好的时候，有的人没想起企业档案来，没觉得多重要；企业破产了，想起这些档案来了，因为重要，所以又成了难题。给谁啊？包括民营企业，合资的话，也不能全给外国人啊，因里面有机密，还得给各级国家档案馆。只有这样，才能保证改革开放以来中国这段企业发展历史的完整，维护国家的利益。今年，邢台市馆，可一次性接收破产企业档案 10 万卷；沧州市馆，正在整理着 17 万卷破产企业档案。企业由谁管着呢，国资委，还有其他部门，这些单位能不能建个研究会或是什么组织呢？反正，需要有一个平台，有一个载体，来共同促进档案学术的繁荣。

作　者

修订于 2010 年 2 月 13 日（乙丑除夕）

河北省国家档案馆